Norbert Lechleitner

Sonne
für die
Seele

*100 überraschende
Weisheitsgeschichten,
die jeden Tag
ein wenig
fröhlicher machen.*

HERDER

FREIBURG · BASEL · WIEN

Inhalt

I. Licht ist das erste Geschenk

1. Unerfüllbar — 7
2. Zu billig — 9
3. Musik — 12
4. Wirkung — 14
5. Bereit — 15
6. Im Grunde aller Dinge — 17
7. Himmel und Hölle — 18
8. Ungenutzt — 19
9. Verinnerlicht — 20
10. Segenswunsch — 22
11. Richtungswechsel — 23
12. Diagnose — 25
13. Einfache Regel — 26
14. Altes Leiden — 28
15. Ausgeglichen — 29
16. Nach innen — 30
17. Ein Klang — 31
18. Wahrheit — 32
19. Erkenntnis — 33
20. Verdienst — 34
21. Entscheidungen — 35
22. Hilfe — 36
23. Falsche Frage — 38
24. Eintritt — 39
25. Hindernis — 40
26. Ohne Angst — 41
27. Vergossen — 43
28. Der Tierbändiger — 46

II. Die Sonnenuhr zählt die heiteren Stunden nur

29. Gottesurteil — 49
30. Vorteile — 50
31. Lob — 51
32. Unwahrheit — 52
33. Blumensprache — 53
34. Weitsichtig — 54
35. Konsequent — 55
36. Verlust — 56
37. Das Beste — 58
38. Aussicht — 60
39. Mitleid — 61
40. Familie — 63
41. Zeit genug — 64
42. So einfach — 65
43. Günstig — 66
44. Initiative — 67
45. Genau jetzt — 68
46. Einleuchtend — 69
47. Gefährlich — 70

48. Methode	71	74. Verschüttete Milch	107
49. Verwandlung	72	75. Möglich	108
50. Enttäuschung	73	76. Geschenk	109
51. Suchen und Finden	74	77. Im Einklang	110

III. Wir können nicht leben, wenn wir die Sonne nicht suchen

IV. Dunkelheit kann das Licht nicht löschen

		78. Pflichterfüllung	111
52. Ewiges Leben	75	79. Inbrunst	114
53. Fesselnd	76	80. ... und auf Erden	115
54. Wesentliches	78	81. Angebot	116
55. Harmonie	80	82. Frustkauf	117
56. Hinwendung	81	83. Gute Freunde	119
57. Gelassen	83	84. Trost	120
58. Vergebung	84	85. Eine Frage der Ehre	122
59. Die Leute	85		
60. Schönheit	86	86. Süße Verführung	124
61. Hingabe	88	87. Zustände	125
62. Ausstrahlung	89	88. Abhängig	126
63. Freiheit	90	89. Dankbarkeit	129
64. Füreinander bestimmt	92	90. Fürsorge	132
		91. Wachsein	133
65. Gerüchteküche	94	92. Urteil	134
66. Pragmatisch	96	93. Äußerlich	135
67. Unverständlich	98	94. Überwinden	136
68. Nicht betroffen	100	95. Entlastet	137
69. Unterschied	101	96. Therapie	138
70. Uneins	102	97. Das Floß	139
71. Gottvertrauen	103	98. Beurteilung	141
72. Reichtum	104	99. Wechselfälle	142
73. Zeit haben	105	100. Tag für Tag	143

Ein Wort zuvor

„Immer erhellt das kleinste Licht sogar die tiefste Dunkelheit", sagte der Meister. „Und niemals kann die Dunkelheit das Licht auslöschen."

Diese alte Erkenntnis ist den Menschen ein Trost seit Urzeiten. In vielen Geschichten wurde diese Weisheit überall auf der Welt den Menschen von Generation zu Generation weitergegeben.

Heute denkt kaum jemand darüber nach, daß das Licht die Dunkelheit erhellt. Man braucht ja nur auf den Schalter zu drücken. Dann wird es hell, man kann sich orientieren und findet sich zurecht.

Wenn es aber in unserem Innern dunkel wird, wenn wir keine Hoffnung mehr haben, dann steht uns kein Schalter zur Verfügung, der uns auf Knopfdruck die Finsternis von der Seele nimmt. Wem die Dunkelheit die Seele einhüllt, der fühlt sich zurückgeworfen auf die Urängste des Menschen vor der Finsternis, die ihm die Orientierung nimmt und ihn hilflos macht.

Immer mehr Menschen geraten in seelische Not, weil ihr inneres Licht zu erlöschen droht. Vielleicht haben sie nie gelernt, daß sie sich um ihr Licht kümmern müssen. Doch sind wir auf dieses Licht in unserem Innern immer noch angewiesen. Es ist unerheblich, welchen Namen wir ihm geben: Glaube, Liebe, Sehnsucht oder Zuversicht. Wichtig ist nur, daß es nie verlöscht. Es ist das wirkliche Lebenslicht, das uns die Kraft zum Leben, den Sinn, die Erfüllung, die Wärme gibt, aus der heraus wir auch anderen geben können. Denn auch in den dunkelsten Stunden des Lebens bleibt uns die Gewißheit: Die schwärzeste Finsternis vermag das kleinste Licht nicht zu verdrängen!

Nicht nur diese Weisheit haben die alten Weisen vieler Kulturen in immer neuen Varianten erzählt, um dem kleinen Licht im Innern neue Kraft zu geben oder es von neuem zu entfachen. Manchmal kann von einer solchen Geschichte ein zündender Funke überspringen, der dem inneren Licht neue Leuchtkraft gibt. Immer aber können die Geschichten wie ein Sonnenstrahl unseren Alltag erhellen und durch ein Lächeln ein wenig fröhlicher machen.

Norbert Lechleitner

I. Licht ist das erste Geschenk

1. Unerfüllbar

In uralten Märchen verschiedener Völker wird von einem König erzählt, der einem alten Weisen einen Wunsch erfüllen will. Der Weise hatte sich gewünscht, daß der König ihm seine Schale mit Goldstücken füllen möge. Das schien dem König eine Kleinigkeit zu sein, doch groß war seine Verwunderung, daß die Schale nicht voll wurde, obwohl doch schon ein ganzer Sack mit Gold in sie geleert worden war. Der König hatte sogar den Eindruck, daß die Schale immer leerer wurde, je mehr Gold er hineingab. Das Gefühl der Scham und Enttäuschung beschlich ihn, daß er dem Alten einen einfachen Wunsch nicht erfüllen könne.

„Wenn du mir die Schale nicht wie versprochen füllen kannst, so sage es nur. Ich werde sie wieder an mich nehmen und gehen."

Nachdenklich sah der König den Weisen an. Wie konnte es geschehen, daß er mit seinem großen Reichtum und trotz all seiner Großzügigkeit die Schale nicht hatte füllen können?

„Sag mir, du Weiser, wie ist das möglich? Verrate mir das Geheimnis der Schale. Denn ein Zauber muß mit ihr verbunden sein."

„Diese Schale ist in der Tat eine besondere Schale", antwortete der Alte. Sie trägt das Geheimnis eines jeden Herzens in sich. Sie gleicht dem Herzen der Menschen, die nie zufrieden sind. Du kannst es füllen, womit du willst, mit Reichtum, Schönheit, mit Liebe, mit Wissen, mit Macht, mit Lebenslust, mit allem, was es gibt. Doch du wirst es nie füllen können, weil es nie erfüllt sein wird.

Weil der Mensch dieses Geheimnis des Lebens nicht kennt oder es vergessen hat, strebt er beständig nach allen Dingen, die er vor sich sieht; gleich wie der Esel, dem ein Bündel saftiger Klee an einer Stange vors Maul gebunden wurde. Und je mehr ein Mensch bekommt, desto mehr wünscht er sich, und die Schale seines Verlangens kann er niemals füllen."

2. Zu billig

Ein König ritt mit großem Gefolge zur Jagd. Als der Hirsch im Gehölz erspäht wurde, überließen die Jagdgefährten dem König die Führung, und er jagte im wilden Galopp dem fliehenden Wild hinterher. Immer weiter entfernte er sich von seinem Gefolge, doch plötzlich hatte er den Hirsch aus den Augen verloren.

Suchend streifte der König umher und traf endlich auf einen Bauern, der weinend unter einem Baume saß, sich die Haare raufte und auf die Ungerechtigkeit der Welt schimpfte. Der König ging zu ihm hin und fragte nach dem Grund seines Kummers.

„Herr", antwortete der Bauer, „ich hatte eine einzige wunderbare Melone, die ich mit größter Sorgfalt hegte und pflegte und mit viel Geduld aufzog, denn sie war mein ganzer Besitz. Herrlich war ihre Farbe anzusehen, köstlich war ihr Duft. In zwei Tagen wollte ich sie zum Markte tragen, um mit dem Erlös ihres Verkaufes mein Leben zu fristen. Doch vor wenigen Minuten hat ein Offizier aus der Gefolgschaft des Königs mir meine Melone, meinen einzigen Besitz, geraubt. Ich weiß nicht, was nun werden soll. Wovon soll ich denn jetzt meine Kinder ernähren?"

„Beruhige dich, guter Mann", sagt der König, „ich werde alles in meiner Macht stehende tun, daß du dein Eigentum wiederbekommst." Nachdenklich ritt der König zurück, bis er zu dem Platze kam, wo die Jagdgesellschaft bereits die Zelte aufgestellt hatte. Der König rief einen seiner Diener zu sich und sagte: „Ich habe große Lust, Melonen zu essen. Aber in der ganzen Gegend scheint es keine zu geben. Wenn du trotzdem eine für mich finden kannst, will ich sie gerne teuer bezahlen."

Eilig lief der Diener los, fragte jeden im Lager, ob er zufällig eine Melone habe, da der König sich eine wünsche. Er ging zu jedem Zelt, bis er endlich auf den Offizier traf, der dem Bauern die Melone gestohlen hatte. Gerade wollte sich der Dieb mit einem großen Messer in der Hand über die prächtige Frucht hermachen, als ihm der Diener in den Arm fiel und rief:

„Halt' ein! Dein Glück ist gemacht, wenn du auf sie verzichtest und sie dem König bringst, denn er hat gerade große Lust, eine Melone zu essen, und im ganzen Lager ist sonst keine einzige zu finden. Er wird dich sicher reichlich entschädigen, wenn du ihm die Melone überbringst."

Der Dieb rechnete sich einen großen Vorteil aus. Sofort nahm er die Melone und lief zum Zelt des Königs. Dort waren einige Gefolgschaftsleute versammelt, aber sie ließen ihn sofort vor den König treten, dem er kniend die schönste aller Melonen darbot.

„Nehmt den Dieb gefangen und legt ihm eine Kette um den Hals!" befahl der König, „und bringt mir den Bauern, damit ihm Gerechtigkeit widerfährt."

Dem Bauern gab er die Kette mit dem verstörten und kleinlauten Dieb in die Hand und sagte: „Er gehört dir. Nimm ihn mit, er ist nun dein Sklave. Verkaufe ihn oder behalte ihn, ganz wie es dir gefällt."

Der Bauer dankte dem König und führte den Dieb an der Kette mit sich fort. Sobald sie sich aber von dem Lager entfernt hatten und den Blicken der Jäger entschwunden waren, fing der Dieb an, mit seinem neuen Herrn über seine Freiheit zu verhandeln. Er betonte, daß er ein Offizier und kein armer Mann sei und die Lust nach der Melone ihn einfach übermannt hätte. Sonst sei er kein Dieb, sondern ein ehrlicher Soldat, und er biete dem Bauern fünfhundert Goldstücke – viel mehr als er je für hundert Melonen bekommen hätte, ganz zu schweigen für eine einzige – wenn er ihn nur freiließe.

So viel Geld hatte der Bauer noch nie besessen, und ohne sich weiter zu bedenken, willigte er in das Angebot ein, das ihm überaus vorteilhaft erschien. Der Bauer ließ den Dieb frei, nahm von ihm einen Beutel Gold entgegen und lief mit ihm voll Freude zurück ins Lager, um dem König den günstigen Handel zu melden.

„Du bist mit einem viel zu billigen Preise zufrieden gewesen", erklärte der König, „denn das Gesetz erkannte dir sein ganzes Vermögen zu, weil er dir alles genommen hatte, was du besaßest."

3. Musik

*E*ine indische Legende erzählt von Tansen, der ein berühmter Musiker am Hofe des Großmoguls Akbar war. Nach einem Konzert fragte der Herrscher einmal: „Sage mir, verehrter Meister, wer hat dich deine Kunst gelehrt?"

„Mein Lehrer ist der größte Musiker, den ich kenne", antwortete Tansen, „aber ihn einen Musiker zu nennen, ist eigentlich zu ungenau, denn er ist mehr als das, er ist Musik."

Neugierig geworden, fragte der Herrscher: „Warum hast du ihn mir vorenthalten und ihn mir nie vorgestellt? Bitte ihn herzukommen, damit ich ihn hören kann."

„So leid es mir tut, aber ich kann ihn nicht herbitten. Er lebt sehr zurückgezogen in den Bergen, die er niemals verläßt", erwiderte Tansen.

„Dann will ich dahin gehen, wo er ist, denn ich will, daß er für mich singt!"

„Vielleicht wird es möglich sein, ihn aufzusuchen. Aber sein Stolz wird es ihm nicht gestatten, auf Befehl zu singen, auch nicht vor dem Großmogul."

„Doch dich kennt er. Da du sein Schüler warst, wird er dich nicht abweisen. Darum will ich als dein Diener mit dir gehen", sagte der Herrscher.

„Wenn du das willst, finden wir vielleicht eine Möglichkeit, ihn singen zu hören", willigte Tansen ein.

Mühsam war der Aufstieg in die Berge des mächtigen Himalaya. Dort irgendwo hatte der Heilige seinen Tempel der Musik in einer Höhle, einsam gelegen, inmitten unberührter Natur. Es dauerte viele Tage, bis sie sich durchgefragt hatten, denn es schien, als wenn der Heilige seinen

Ort mehrmals gewechselt hätte, wenn er den Eindruck hatte, daß man ihm zu nahe kam. Tansen ritt zu Pferde, während Akbar als sein vermeintlicher Diener neben ihm herging.

So erreichten sie endlich auch das Heiligtum der Musik. Und als der Heilige erkannte, wie sehr der Herrscher sich erniedrigt hatte, um ihn singen zu hören, willigte er ein. Als seine Zeit gekommen war, daß er singen wollte, erhob er seine Stimme und sein Gesang war gewaltig.

Der Berg, der ganze Wald, alles schien in Schwingung zu geraten. Alles schien zu vibrieren. Der überwältigende Eindruck versetzte Akbar und Tansen in den Zustand der Entrückung, der inneren Ruhe und des niemals zuvor empfundenen, tiefen Friedens.

Als sie ihre Augen wieder öffneten, war der Gesang längst verklungen, und der Heilige verschwunden. Tansen erklärte, daß sie ihn auch niemals wiedersehen würden, denn der Heilige wüßte sehr wohl, daß derjenige, der das erlebt habe, es wieder erleben wolle, und sollte es sein Leben kosten. Es sei größer als irgend etwas sonst im Leben.

Zurückgekehrt an den Hof des Herrschers, fragte Akbar eines Tages seinen Musiker Tansen nach dem Namen der Melodie, die der Heilige gesungen hatte. Dann bat er Tansen, ihm diese Melodie zu singen. Der sang sie mit höchster Kunst, die dem Herrscher normalerweise helle Begeisterung abgefordert hätte. Doch diesmal schüttelte er den Kopf und sagte: „Ja, es ist dasselbe Stück, aber es ist nicht die gleiche Musik. Woran mag das liegen?"

„Der Unterschied ist darin begründet, daß ich für den Herrscher dieses Reiches singe. Mein Meister aber singt für Gott."

4. Wirkung

Der Meister hielt einen Vortrag vor einer ausländischen Gesellschaft über die Kraft der Worte, die im Verständnis der Religionen von zentraler Bedeutung sind. Am Ende des Vortrages stellte er sich der Diskussion.

Nach einiger Zeit erhob ein Teilnehmer die Stimme und sagte: „Ich habe mir das jetzt alles geduldig angehört, und ich finde nur bestätigt, was ich auch vorher schon wußte: Ich habe noch nie so viel dummes Zeug in so kurzer Zeit gehört!" Damit stand er auf und wollte gehen.

„Und Sie sind der größte Dummkopf, den ich in meinem langen Leben gesehen habe", erklang die liebenswürdige Stimme des Meisters inmitten des peinlichen Schweigens.

Wie vom Donner gerührt blieb der Geschmähte stehen, und mit hochrotem Kopf fauchte er: „Sie Scharlatan wagen es, mich, einen angesehenen Akademiker, einen Dummkopf zu nennen? Das wird nicht ohne Folgen für Sie bleiben!"

„Nun, als Akademiker werden Sie einsehen müssen, daß das Experiment gelungen ist: Erst behaupten Sie, daß Worte keine Kraft haben. Doch kann Sie das Wort ‚Dummkopf' derart aus der Fassung bringen. Was meinen Sie, welche Wirkkraft dann erst die Worte ‚Gott', ‚Wahrheit', ‚Liebe' bei denen haben, die sie verstehen?"

5. Bereit

*E*in junger Mann aus vornehmem Hause, mit bester Erziehung und hervorragender Bildung kam zum Meister, um der Welt zu entsagen und um sein Schüler zu werden. Er wolle den langen, mühsamen Pfad zur spirituellen Erleuchtung gehen. Der Meister nickte nur und gab ihm die Arbeit eines Anfängers. Nun mußte der vornehme Jüngling die Räume der Schüler säubern, den Abfall hinaustragen und die Toilette reinigen.

Niemand von den Schülern wagte, ihn wegen der ihm zugedachten Aufgaben zu hänseln. Vielmehr waren sie alle peinlich berührt, daß der, der doch eigentlich zur Spitze der Gesellschaft gehörte, nun die niedrigsten Arbeiten erledigen mußte. Aus Mitleid mit dem Neuen versuchten sie, den Meister umzustimmen.

Doch der Meister blieb bei seiner Entscheidung: „Er muß diese Arbeiten tun, denn er ist noch nicht bereit."

Nach einiger Zeit kamen die Schüler wieder zu ihm und sagten: „Der Neue ist so freundlich zu uns allen, so feinfühlig und kultiviert, daß wir kaum mitansehen können, wie so ein feiner Mensch solch einfache Arbeiten verrichtet. Wäre es nicht besser, ihn mit anderen Aufgaben zu betrauen, die seiner Art mehr entsprechen?"

Der Meister liebte seine Schüler wegen ihres Mitgefühls, doch da sie den Sinn seiner Anordnungen nicht verstanden, sagte er nur, er wolle den Neuen prüfen.

Als dieser nun am nächsten Tag den Abfall hinaustrug, stieß jemand, der gerade um die Ecke kam, wie zufällig mit ihm zusammen, und der Abfall wurde ringsum verstreut.

Der Neue schaute mit zusammengezogenen Augenbrauen auf den Tölpel und knurrte: „So einfach wärst du früher nicht davongekommen."

Der Meister befand daraufhin: „Er ist noch nicht bereit."

Zwei Monate später wurde der Test wiederholt. Diesmal schaute der Neue nur auf, sagte aber nichts und sammelte den Abfall wieder zusammen. Und wieder urteilte der Meister, daß der Neue noch nicht soweit sei.

Monate später, bei der dritten Prüfung, sammelte der Neue den verstreuten Abfall gleichmütig ein und trug ihn fort. Da sagte der Meister: „Seine Zeit ist jetzt gekommen. Nun ist er bereit."

6. Im Grunde aller Dinge

"Die Weisheit ist verborgen, wie das Wasser in der Erde verborgen ist", sagte der Meister. "An manchen Stellen tritt es offen zutage, an anderen Stellen müssen wir tief graben. Unter der Oberfläche der Täuschung und der Falschheit finden wir die Wahrheit im Grunde aller Dinge." Um diesen Gedanken zu verdeutlichen, erzählte er folgende Geschichte:

"Ein einfacher Mann, der nie lesen und schreiben gelernt hatte, war von einem Lehrer in die Geheimnisse des Glaubens eingeweiht worden. Als sein Lehrer gestorben war, kam einmal ein fremder Weiser in den Ort und fragte ihn, ob er von jemandem in der wahren Lehre unterrichtet worden wäre.

‚Ja, mein Lehrer, der jetzt gestorben ist, hat mich unterrichtet, und ich war glücklich, von ihm zu lernen. Darum soll er ruhen in Frieden, und ich erbitte deinen Segen für ihn', antwortete der einfache Mann.

‚Leider muß ich dich enttäuschen', sagte der Weise. ‚Denn ich weiß mit absoluter Sicherheit, daß dein Lehrer ein Scharlatan war und kein wahrer Lehrer.'

Der einfache Mann vernahm diese ungeheure Behauptung mir großem Gleichmut und entgegnete mit sanftem Lächeln: ‚Mein Lehrer mag falsch gewesen sein, jedoch mein Glaube ist nicht falsch. Und das genügt.'"

7. Himmel und Hölle

Eine junge Frau, die Männer bei sich empfing und so ihren Lebensunterhalt verdiente, beobachtete einmal zwei Trauerzüge, die an ihrem Fenster vorüberzogen. Sie sagte zu ihrem Liebhaber:

„Ich bin sicher, daß die Seele des ersten Toten im Himmel ist und die Seele des zweiten in der Hölle schmort."

„Woher willst denn ausgerechnet du etwas von solchen Dingen verstehen, die allenfalls ein Heiliger verstehen kann. Und heilig bist du ja nun wirklich nicht", fügte ihr Liebhaber ironisch hinzu.

„Was ich behaupte, ist doch so offensichtlich, daß sogar ein so schlechter Kerl wie du es erkennen kannst", parierte sie seine Stichelei. „Wenn du aufmerksam hinschaust, wirst du bemerken, daß alle Leute, die dem ersten Sarg folgen, traurig den Kopf gesenkt und Tränen in den Augen haben. Diejenigen, die dem anderen Sarg folgen, gehen erhobenen Hauptes, weinen nicht, reden sogar miteinander, als hätten sie den Ernst der Stunde glatt vergessen.

Daraus folgt, daß der erste Tote ein liebenswürdiger Mensch war, dem viele in Zuneigung und Freundschaft zugetan waren, und darum ist er sicher in den Himmel gekommen.

Den anderen hat wohl niemand geliebt, und vermutlich auch keinen Anlaß dazu gehabt, denn niemand ist traurig über seinen Tod."

8. Ungenutzt

„Wer seine Talente, seine Fähigkeiten, seine Interessen, seine Sehnsucht oder seine Träume nicht nutzt", sagte der Meister, „der gleicht dem Manne, der in seinem Garten einen großen Schatz unter den Wurzeln eines Baumes vergraben hatte.

Jeden Freitag grub er ihn aus, wühlte mit seinen Händen in Gold und Juwelen und betrachtete seinen Schatz stundenlang im Schein seiner Laterne. Einmal hatte ein Dieb ihn beobachtet, der raubte in der nächsten Nacht das Versteck aus und verschwand mit dem Gold und dem Geschmeide.

Als der Geizige am Freitag darauf seinen Schatz ausgraben wollte, fand er nur eine leere Grube. Laut beklagte er seinen Verlust, verfluchte den Dieb, schimpfte und schrie, so daß die Nachbarn herbeieilten, um zu erfahren, was denn geschehen sei. So erfuhren sie von dem heimlichen Reichtum des Geizigen, und einer fragte ihn: ‚Hast du denn für deinen Lebensunterhalt nichts von dem Schatz gebraucht?'

‚Nie und nimmer hätte ich mich von einem der Goldstückchen getrennt und sie gegen etwas anderes eingetauscht. Ich bin nur heimlich jeden Freitagabend hergekommen, um sie in Ruhe anzuschauen.'

Da sagte der Nachbar: ‚Wenn du deinen Schatz bisher nicht gebraucht hast, kannst du genausogut weiterhin jede Woche herkommen und das leere Loch betrachten.'"

9. Verinnerlicht

*E*in gelehrter Pilger war auf dem Weg zu einem Heiligtum. Seit Tagen folgte er dem Lauf des Flusses, an dessen Quelle der Tempel stand, der sein Ziel war. Da hörte er, wie von jenseits des Flusses das heilige Wort seltsam verzerrt zu ihm herüberschallte: „MOM", voller Inbrunst gerufen. „MOM", hörte er wieder, und jetzt war er sich sicher, daß der Rufer das heilige OM (Frieden) falsch aussprach.

Der Pilger empfand dies als Frevel, und er faßte den Entschluß, den frommen Rufer zu belehren. An der nächsten Furt ließ er sich ans andere Ufer übersetzen. Dann ging er dem geheimnisvollen Ruf nach, bis er zu dem Rufer kam, der in tiefer Versenkung unter einem Baume saß und nach jeweils sieben Atemzügen sein tiefes „MOM" erschallen ließ. Jedesmal zuckte der Pilger zusammen, doch er mußte warten, bis der Rufer seine Meditation beendet hatte.

„Es bedrückt mich, dich frommen Mann belehren zu müssen", sagte der Pilger, „doch noch vielmehr schmerzt es mich, daß du das heilige Wort falsch betonst. Denn in den heiligen Büchern steht geschrieben, daß nur der zur Erleuchtung gelangt, der die Gebete richtig rezitieren kann. Wenn du also vollkommene Erkenntnis erlangen willst, dann lerne OM zu rufen."

Der fromme Mann bedankte sich herzlich für die Belehrung, denn er habe vieles vergessen, da sein Meister früh verstorben war und er nun seit Jahren hier in der alten Einsiedelei meditiere und bete, so gut er sich eben an die heiligen Formeln erinnern könne. Der Pilger verabschiedete sich in dem Bewußtsein, sich um das Seelenheil des Einsiedlers verdient gemacht zu haben, und er ließ sich ans andere Ufer bringen, um seine Pilgerfahrt wieder aufzunehmen.

Kaum war er einige Schritte gelaufen, da ertönte es wieder: „MOM". Der Pilger wollte es nicht glauben, daß jemand so schwer von Verständnis sei, und wieder hörte er „MOM", doch jetzt viel näher. Und dann wollte er auch seinen Augen nicht trauen, denn er sah den Einsiedler quer über das Wasser laufend auf sich zukommen. Augen und Mund vor Staunen aufgerissen stand er da und konnte sich angesichts des Wunders, das sich hier ereignete, nicht mehr rühren.

„Verzeih mir, mein Freund, daß ich dich aufhalte", hörte er den Einsiedler sagen. „Aber wie du mich belehrt hast, habe ich das heilige Wort so viele Jahre falsch ausgesprochen, daß ich es noch immer nicht begriffen habe. Bitte sprich es mir noch einmal richtig vor, damit ich Gott nicht beleidige."

10. Segenswunsch

Ein Schüler, der nach Jahren der Lehre in die Welt hinausziehen wollte, bat seinen Meister um seinen Segen.

Der Meister legte seine rechte Hand auf die Schulter des Schülers und sagte: „Du sollst immer genügend Sorgen haben."

Erstaunt sah der Schüler den Lehrer an und fragte ihn, was er ihm denn getan hätte, daß er ihm für die Zukunft Sorgen statt Glück und Segen wünsche.

„Deine Frage, mein Schüler, ist auch ein Zeichen dafür, daß du die Erleuchtung noch nicht erlangt hast. Denn ich sagte dir nichts anderes, als daß du dich immer der schönsten Gabe und des größten Glücks, nämlich deiner Gesundheit, erfreuen sollst. Denn sieh, der gesunde Mensch hat immer viele Sorgen. Der Kranke dagegen hat nur eine Sorge, nämlich die, gesund zu werden."

11. Richtungswechsel

Ein junger Mann kam auf seiner Wanderschaft in eine prächtige Stadt. Ein herrliches Schloß erhob sich auf einem Felsen über dem Fluß, und an seinen Ufern zeugten stolze Bürger- und Handelshäuser vom Reichtum der Bewohner. Obwohl die Sonne vom Himmel lachte und bunte Vögel in den Bäumen der Parkanlagen sangen, schienen die Menschen gedrückter Stimmung zu sein. Ein edles Pferd graste auf der Grünfläche, doch niemand schenkte dem schönen Tier die geringste Beachtung.

Der junge Mann fühlte sich von der seltsamen Atmosphäre um ihn her wie in einen Traum versetzt, denn von so einem rassigen Pferd, wie es hier nur wenige Meter vor ihm stand, hatte er bisher nur zu träumen gewagt. Er sprach den Einheimischen an, der gesenkten Hauptes an ihm vorübergehen wollte, und fragte, wem das Pferd gehöre, das so herrenlos durch die Stadt lief.

„Unser König ist vor drei Tagen gestorben", erhielt er zur Antwort. „Nach altem Brauch haben wir sein bestes Pferd freigelassen. Denn wer es einfangen kann, der wird unser neuer König werden. Aber dieses Pferd ist viel zu klug und viel zu schnell, als sich einfach so fangen zu lassen oder sich einem Befehl zu fügen. Viele haben es bisher versucht, aber allen ist die Puste ausgegangen. Keiner konnte das Pferd einfangen."

„Darf auch ein Fremder versuchen, das Pferd zu erjagen?" fragte der junge Mann. „Denn ich will es gerne versuchen."

„Es steht dir frei, dich zum Narren zu machen. Dem Pferd wird es egal sein. Wer es fangen kann, ist König. So lauten die Regeln."

Der junge Mann hatte die letzten Worte kaum noch vernommen, denn mit zwei großen Sprüngen wollte er das Pferd am Schweif erwischen. Aber mit einer eleganten Drehung war es ihm längst entwischt und galoppierte durch die Straßen zum Stadttor hinaus. Der junge Mann eilte unverdrossen hinterher. Manchmal schien es ihm, als würde er dem Pferd näherkommen, doch dann war die Distanz auf einmal größer als zuvor. Stunde um Stunde lief er schon, und Enttäuschungen und steigende Erschöpfung waren seine einzigen Begleiter. Er schwor sich, nicht eher aufzugeben, bis er das Pferd eingefangen habe.

Und weiter ging die Jagd. Leichtfüßig schien das Pferd über die Ebene zu schweben, während der Schritt des Verfolgers immer kürzer wurde und sein Atem immer schwerer ging. Das Pferd ließ ihn ab und zu auf wenige Meter herankommen, doch immer wenn er glaubte, daß er es jetzt mit einer letzten Anstrengung zu fassen bekäme, entfloh es ihm mit leichten Schritten.

Der Tag ging schon zur Neige, als sie sich in der ersten Dämmerung einem großen, alten Baume näherten, an dessen Stamm gelehnt ein Weiser saß, der dem Treiben schon seit einiger Zeit zugesehen hatte.

„Du kannst ewig so weitermachen, bis du tot umfällst", rief er dem jungen Mann zu, der mit keuchendem Atem an ihm vorüberhasten wollte. „So wirst du es nie einfangen können. Denn statt ihm bis an dein Lebensende nachzujagen, solltest du ihm besser entgegenlaufen!"

Der junge Mann änderte seine Richtung, und das Wunder geschah: Gleich hatte er den gewünschten Erfolg.

12. Diagnose

Zum Meister kam ein Mann, von dem man wußte, daß er außerordentlich reich war. Der Meister verbrachte eine ganze Stunde mit ihm.

Als der Reiche gegangen war, wurde ein Mann zum Meister vorgelassen, der die ganze Zeit geduldig gewartet hatte. Jeder konnte dem Mann die Armut ansehen, und der Meister verbrachte nur einige Minuten mit ihm.

Sehr verwundert darüber, daß die Unterredung schon beendet sein sollte, platzte der arme Mann mit der Frage heraus, wie es käme, daß der Meister die reichen Leute bevorzuge.

Der Meister lächelte milde: „Ich will dir gerne erklären, warum es nicht so ist, wie es dir zu sein scheint. Bei dir, mein Freund, habe ich nach kurzer Zeit erkannt, daß du wirklich ein armer Mann bist. Bei dem, der vor dir bei mir war, mußte ich über viele Sachen sprechen, bis ich erkennen konnte, daß er noch ärmer ist als du."

13. Einfache Regel

Zum Meister kam ein junger Mann und fragte, ob er ihn als seinen Schüler annehmen wolle.

Der Meister sah ihn lange an und sagte dann: „Ja, ich nehme dich als meinen Schüler an."

„Bist du sicher, daß du mich willst?" fragte der Schüler zweifelnd. „Denn du solltest wissen, daß ich nicht eben ein Vorbild an Tugend und Gehorsam bin."

„Welchen Lastern frönst du denn?" wollte der Meister wissen.

„Ich trinke gerne Wein und Schnaps."

„Das ist nicht schlimm", entgegnete der Meister.

„Und ich spiele Karten und liebe die Würfel."

„Das macht nichts", sagte der Meister.

„Und mir gefallen noch so einige Sachen, die ich gar nicht gerne vor dir ausbreiten möchte", gestand der Schüler.

„Das ist ohne Bedeutung", erwiderte der Meister.

Der junge Mann glaubte seinen Ohren nicht zu trauen. Hatte er denn nicht von den strengen Regeln gehört, von großer Disziplin, von Unterordnung und täglichen Übungen?

„Aber nachdem ich alle deine Geständnisse als unwesentlich abgetan habe, stelle ich eine einzige Bedingung für deine Aufnahme als Schüler: Du mußt dich einverstanden erklären, in meiner Gegenwart niemals etwas von den Dingen zu tun, die du schlecht findest."

„Das kann ich dir zusagen. Diese Regel zu halten, wird mir nicht schwerfallen", sagte der Schüler und ging hochbeglückt fort.

Nach Wochen und Monaten wünschte der Schüler den Meister zu sprechen.

„Meister, ich bin gekommen, um dir zu danken", sagte der Schüler mit tiefer Verneigung.

„Du hast dich sehr verändert, seit wir uns das letzte Mal sahen", bemerkte der Meister. „Nun erzähle mir, wie es dir ergangen ist mit deinen Untugenden und mit deinem Versprechen. Hast du dich an unsere Regel halten können?"

„Am Anfang war es nicht so einfach für mich, wie ich es erwartet hatte. Häufig lockte es mich, zum Spielen oder zum Trinken zu gehen. Aber wohin ich auch gehen wollte, immer sah ich dein Gesicht vor mir und mein Versprechen fiel mir ein. Du hast mich nicht allein gelassen und deshalb konnte ich mein Versprechen halten."

14. Altes Leiden

Ein Philosoph hatte als Folge eines Unfalls in seiner Kindheit einen lahmen Fuß und litt alle Tage große Schmerzen. Einst war ein anderer Gelehrter bei ihm zu Gast. Beim gemeinsamen Essen erhob der Gelehrte sein Glas und trank seinem Gastgeber zu.

„Mein lieber Freund, ich danke dir für die Einladung, und ich wünsche dir von Herzen vollkommene Gesundheit!"

„Wenn du wirklich mein Freund bist, was ich doch sehr hoffe, dann solltest du mir solches nicht wünschen!" sagte der Philosoph.

„Ja, natürlich bin ich dein Freund und dir vollkommen zugetan", erwiderte verwundert der Gelehrte. „Aber warum sollte ich dir darum nicht beste Gesundheit wünschen?"

„Wir sind Freunde geworden, weil wir die sind, die wir sind. Hätte ich mein Leiden nicht, wer weiß, was aus mir geworden wäre."

15. Ausgeglichen

Zum Meister kam ein reicher Mann in sehr bedrückter Stimmung mit der Frage: „Stimmt das, was in den Heiligen Büchern steht, daß der Mensch aus Staub ist und wieder zu Staub wird?"

„Nun, das braucht dich doch nicht zu bedrücken", antwortete der Meister. „Wärest du aus Gold und es stünde dir bevor, am Ende deiner Tage zu Staub zu werden, so hättest du vielleicht einen Grund zur Klage. Aber wenn du aus Staub bist und wieder Staub werden wirst, worüber beklagst du dich dann?"

16. Nach innen

Zum Meister kam ein Mann, der trotz seiner beruflichen Karriere, seines Reichtums und gesellschaftlichen Erfolges nicht glücklich war.

„Ich habe alles, was ich mir wünschen kann", sagte der Mann. „Haus, Auto, genug Geld auf dem Konto, Frau und Kinder sind gesund, und doch fühle ich mich nicht wohl. Der Wohlstand ist einerseits natürlich beruhigend, aber andererseits fühle ich mich hilflos, weil ich weiß, daß nicht immer alles so bleiben muß."

„Du erinnerst mich an den Mann, von dem ich einmal hörte", antwortete der Meister. „Dieser Mann versuchte eines Abends, ein Tor nach außen hin aufzustoßen. Doch so sehr er sich auch bemühte, das Tor öffnete sich ihm nicht. Verzweifelt versuchte er es weiter, und da er es nicht öffnen konnte, fühlte er sich eingesperrt und vermeinte, da draußen sei seine Freiheit. Schließlich war es Nacht geworden, und erschöpft sank er nieder und schlief ein.

Als er am Morgen erwachte, stellte er fest, daß sich das Tor nach innen öffnen ließ."

17. Ein Klang

Ein Indianer und ein Weißer gingen durch die Straßen New Yorks. Mit einem Mal blieb der Indianer stehen und hob lauschend den Kopf. „Hörst du den feinen Ton? Das ist der Gesang einer Grille."

„Ich höre gar nichts", sagte der Weiße. „Nur den Krach der Autos und den Lärm der Straße."

„Doch, doch, ich höre es ganz deutlich!" sagte der Indianer. „Komm' mal mit, ich zeige sie dir."

Dem zarten Laut folgend, führte er seinen Bekannten zu einer alten Mauer und zeigte ihm glücklich lächelnd eine kleine Grille, die, in einem Mauerloch sitzend, ihre beiden Flügel aneinander rieb und so den schrillen Laut erzeugte.

„Ja, toll", sagte der Weiße achselzuckend und ging weiter.

Nach einiger Zeit ließ der Indianer mitten im dicksten Gewühl einen Silberdollar fallen. Der Weiße blieb sofort stehen und begann, eifrig nach dem Geldstück zu suchen, dessen hellen Klang er beim Aufschlag auf den Gehweg klar und deutlich vernommen hatte.

„Wirklich erstaunlich, mein Freund", sagte der Indianer, als er seinen Dollar aufhob, „beim Klang des Geldes hast du sofort reagiert, aber für das Lied einer kleinen Grille fehlt dir das Gehör."

18. Wahrheit

Ein Schüler sagte zum Meister, er habe trotz des intensiven Studiums der heiligen Schriften den Eindruck, immer nur einen Zipfel der Wahrheit zu erhaschen. Und er bat den Meister, ihm zu sagen, wie es ihm gelingen könne, die ganze unverfälschte, einzig wahre Wahrheit zu erkennen.

Der Meister nahm Laub vom Boden auf und hielt die Blätter seinem Schüler hin.

„Was siehst du?" fragte er ihn.

„Blätter von verschiedenen Bäumen", antwortete der Schüler.

„Ähnlich ist es mit der Wahrheit", sagte der Meister. „Die Blätter sind nicht der ganze Baum. Ein Baum ist nicht der ganze Wald. So sind auch die Wahrheiten, die wir denken und nennen können, niemals die ganze Wahrheit. Ebenso wie wir nicht imstande sind, die Blätter eines einzigen Baumes oder gar alle Bäume eines Waldes mit einer Hand zu greifen, so sind wir nicht befähigt, die ganze Wahrheit zu erfassen."

19. Erkenntnis

Zum Meister kam ein reicher Amerikaner, der sagte: "Ich habe nicht viel Zeit, aber ich zahle dir fünfzigtausend Dollar, wenn du mir in zehn Tagen Weisheit beibringst."

Der Meister schien kein bißchen schockiert von der Ansicht des Mannes, der glaubte, daß er Weisheit kaufen könne. Außerdem hatte er längst davon gehört, daß es in gewissen Kreisen der Reichen und Schönen als schick galt, von seinem Guru erzählen zu können.

Lächelnd sagte der Meister: "So teuer wird es nicht, und so lange brauchen wir gar nicht, um ein wenig Erkenntnis zu erlangen. Die Umstände sind günstig, und wenn du bereit bist, kannst du gleich beginnen."

Der Amerikaner, bekannt als Mann von schnellen Entschlüssen, sagte, daß er selbstverständlich sofort anfangen wolle.

"Sehr gut", sagte der Meister. "Ziehe deine Jacke, Schuhe und Strümpfe aus. Dann gehe hinaus in den Regen, erhebe die Arme zum Himmel und atme immer schön gleichmäßig."

Am nächsten Tag fragte der Meister den Amerikaner, wie es ihm bei seiner ersten Übung denn ergangen sei.

"Wie du mich angewiesen hast, ging ich hinaus in den Regen, hob die Arme zum Himmel, atmete immer schön gleichmäßig durch und war in Sekunden völlig durchnäßt. So stand ich zwei Stunden und fühlte mich dabei wie ein totaler Idiot."

"Meinst du nicht auch", fragte der Meister, "daß dies für den Anfang schon eine ganz tiefe Erkenntnis ist?"

20. Verdienst

Ein reicher Landbesitzer sagte im Gespräch mit dem Meister: „Mein Leben lang habe ich Almosen gegeben, habe die Bedürftigen unterstützt und den Klöstern gespendet. Was meinst du, welche himmlischen Verdienste habe ich mir dadurch erworben?"

„Durch deine Wohltaten hast du dir im Himmel keinerlei Verdienst erworben", antwortete der Meister.

Sichtlich erschrocken fragte der Reiche: „Wie kann das sein? Niemand war jemals mildtätiger als ich!"

„Alles, was du gegeben und getan hast, hast du der himmlischen Verdienste wegen getan", erklärte der Meister. „Eben dadurch hast du dir keinerlei Verdienst erworben."

21. Entscheidungen

Im verhältnismäßig jungen Alter von vierunddreißig Jahren war ein Mann vor kurzem zum Direktor der Bank ernannt worden. Nie hatte er von einer solchen Karriere zu träumen gewagt, schon gar nicht, in seinem Alter bereits Direktor zu sein. Eines Tages hatte er Gelegenheit, mit dem Präsidenten des Aufsichtsrates zu sprechen, der ihn für diese Aufgabe als Direktor empfohlen hatte.

„Es ist eine große Verantwortung, die mir übertragen wurde, und ich werde mich ihr mit ganzer Kraft widmen", sagte der junge Direktor. „Doch ich wäre Ihnen dankbar, wenn Sie mir aus dem reichen Schatz Ihrer Erfahrungen einige Ratschläge erteilen würden."

Der alte Mann schaute den Direktor nachdenklich an und sagte dann nur zwei Worte: „Richtige Entscheidungen!"

Der junge Mann hatte sich schon ein bißchen mehr erhofft, darum sagte er: „Das ist sehr hilfreich, und ich weiß Ihren Rat zu würdigen. Aber könnten Sie mir nicht etwas differenziertere Hinweise geben? Denn ich brauche Ihre Hilfe, um richtige Entscheidungen treffen zu können."

Doch der Präsident schien kein Mann vieler Worte zu sein. Er sagte nur: „Erfahrung."

„Nun, das ist ein Grund, warum ich Sie frage", erwiderte der junge Direktor. „Ich vermute, daß ich noch nicht genügend Erfahrungen habe. Wie kann ich diese erlangen?"

Der alte Mann lächelte und erwiderte knapp: „Falsche Entscheidungen!"

22. Hilfe

Zum Meister kam ein armer Mann, der ihn um Unterstützung bat, da er kein Geld habe, um für das religiöse Fest in vier Wochen die rituellen Opfergaben zu kaufen.

„Mache dir keine Sorgen, guter Mann. In vier Wochen kann viel geschehen. Du wirst deine Opfergaben haben", beschwichtigte ihn der Meister.

„Wenn der Meister sagt, daß ich Opfergaben haben werde, dann werde ich auch Opfergaben haben", beruhigte er sich.

Als er nach zwei Wochen noch immer kein Geld für die Opfergaben beisammen hatte, lief er wieder zum Meister.

„Bitte, Meister, hilf mir! In zwei Wochen ist das Fest, und ich habe noch immer kein Geld, um Opfergaben zu kaufen", jammerte der Mann.

„Ich habe dir doch gesagt, daß du Opfergaben haben wirst! Also beruhige dich. Du wirst deine Opfergaben haben!" sagte der Meister mit Nachdruck.

Der Mann schlich nach Hause und machte sich Vorwürfe wegen seines Kleinmutes. „Wenn der Meister sagt, daß ich Opfergaben haben werde, dann kann ich mich auch darauf verlassen, in zwei Wochen meine Opfergaben zu bekommen", beruhigte er sich.

Wieder war eine Woche vergangen, und noch immer hatte er kein Geld für Opfergaben beisammen. Seine Frau weinte, denn am Festtage keine Opfergaben zu haben, bedeutete ein Jahr Unglück. Der Mann war verzweifelt. Sollte er den Meister noch einmal belästigen? Aber seine Angst vor drohendem Unheil besiegte seine Vorbehalte, und er ging noch einmal zum Meister.

„Guter Meister, habe Mitleid mit mir armem Mann. Ich habe keine Opfergaben für das Fest. Was soll ich denn nur tun, wenn du mir nicht hilfst."

„Ich habe dir doch schon mehrmals gesagt, daß du Vertrauen haben sollst. Und jetzt gehe nach Hause und sei sicher, daß du am Festtage deine Opfergaben haben wirst", sagte etwas ungehalten der Meister.

Zwei Tage vor dem Fest war der Mann mit seiner Hoffnung am Ende. Es war nichts passiert. Er hatte für die Opfergaben kein Geld. Ihm und seiner Familie drohte Unheil. Er besprach sich mit seiner Frau, und sie beschlossen, einen silbernen Armreif beim Pfandleiher zu versetzen.

Am Festtage begegnete ihm der Meister und fragte: „Nun, hast du deine Opfergaben?"

Da erzählte ihm der Mann, wie es ihm ergangen war. Und der Meister sagte: „Siehst du, ich habe es dir doch gesagt – du wirst deine Opfergaben haben."

23. Falsche Frage

"Ihr geht von falschen Voraussetzungen aus", ermahnte der Meister seine Schüler und erzählte:

"Ein Bettler war Zeit seines Lebens von Haus zu Haus gegangen, um ein Stück Brot zu erbetteln. Kaum einer hat ihm ein Almosen gegeben. Fast immer wurde er an Gott verwiesen, der sich seiner sicherlich erbarmen werde.

So hoffte der Bettler siebzig Jahre lang auf die Schätze des Himmels, und als er starb, war er arm wie zu Beginn seines Lebens. An der Himmelspforte angelangt, wurde er jedoch nicht herzlich willkommen geheißen oder auch nur gefragt: ‚Was willst du?'; statt dessen lautete die Frage: ‚Was bringst du?'"

24. Eintritt

Der Meister lachte über den Ausruf eines Mannes, der eine Spielhölle besuchen wollte. Der Mann war sehr erstaunt darüber, daß ein ziemlich hohes Eintrittsgeld von ihm verlangt wurde.

„Wenn man schon in das Haus des Teufels nicht umsonst eingelassen wird", rief er, „wie soll man da wohl ohne Bezahlung in das Haus Gottes kommen?"

25. Hindernis

Der Meister hatte einen Schüler, der schon seit Jahren die heiligen Schriften studierte und auch die Meditationsübungen gewissenhaft einhielt. Mit den Jahren war dem Schüler ein prächtiger Bart gewachsen, den er auch mehrmals am Tage kämmte und pflegte.

Eines Tages beklagte er sich beim Meister, daß ihm trotz jahrelanger frommer Übungen die Erleuchtung noch immer nicht zuteil geworden wäre.

„Du wirst die Erleuchtung nicht erlangen können, weil du immerfort mit deinem Bart beschäftigt bist", sagte ihm der Meister.

Weinend riß sich der Schüler jedes Haar einzeln aus. Mit noch größerem Eifer widmete er sich fortan seinen Übungen. Einige Wochen später sagte der Meister zu ihm: „Dein Bart ist fort, aber du beschäftigst dich noch immer mit ihm."

26. Ohne Angst

*E*in weltberühmter Zirkus war in die Stadt gekommen. Zur Premiere war das große Zelt bis auf den letzten Platz besetzt. Die Artisten zeigten phantastische Kunststücke, und die Darbietungen ihrer unglaublichen Körperbeherrschung nahmen den Zuschauern schier den Atem, bis die Clowns ihnen mit ihren Späßen wieder ein befreiendes Lachen ermöglichten.

Nach der Pause wurde der Höhepunkt des Abends angekündigt. Die Arena war mit einem meterhohen Gitter eingezäunt, und mit leichtem Nervenkitzel erwarteten die Zuschauer die Vorführungen mit den acht bengalischen Königstigern. Eine Großkatze nach der anderen kam durch das Laufgitter in die Arena gelaufen, und nach einigem Hin und Her hatte der berühmte Dompteur seine Lieblinge auf die ihnen zugewiesenen Plätze beordert.

Die Darbietung nahm ihren gewohnten Verlauf: Die Tiger sprangen durch Reifen und liefen elegant über einen hohen, schmalen Steg. Sie sprangen einander sogar über den Rücken, statt sich gegenseitig anzufallen.

Langsam näherte sich der Dressurakt der eigentlichen Sensation: Die Tiger waren auf ihren Plätzen. Nur der größte Tiger saß auf einem Podest mitten in der Arena. Es wurde angekündigt, daß der Dompteur in wenigen Sekunden seinen Kopf in den Rachen des Tigers stecken werde. Die Orchestertrommeln wirbelten leise. Die Zuschauer hielten den Atem an. Der Dompteur hatte sich dem Tiger bis auf wenige Zentimeter genähert. Da ging das Licht aus.

Ein angstvoll verhaltener Schrei des Entsetzens entrang

sich den Zuschauern und verhallte in der Dunkelheit. Atemlos war die Stille danach, und wie gelähmt verharrte das Publikum. Die Angst vor der drohenden Katastrophe war im ganzen Zelt spürbar.

Fünfundzwanzig Sekunden der Angst dehnten sich zu einer kleinen Ewigkeit. Endlich war das Notstromaggregat angesprungen, und die Scheinwerfer flammten wieder auf. Ein kollektiver Seufzer der Erleichterung ging durch die Zuschauerreihen, als sie die Tiere und ihren Dompteur unverändert an ihren Plätzen sahen, und ihre ausgestandene Angst entlud sich in frenetischem Beifall.

Was viele Zuschauer nachher für einen geplanten Nervenkitzel hielten, war in Wahrheit ein durch ein Unglück verursachter Stromausfall im ganzen Stadtteil gewesen.

Am Ende der Premierenvorstellung drängten sich die Presseleute um den Tigerdompteur und verlangten ein Interview. Was er gefühlt habe, wollten sie wissen. Ob er Angst gehabt habe und ob er schon einmal eine so gefährliche Situation erlebt habe.

„Wissen Sie, ich bin durchaus nicht frei von Angst gewesen", erklärte der Dompteur. „Aber mit der Angst ist es wie mit den Tigern: Sie lauert im Dunkeln. Die Tiger beobachteten mich in der Dunkelheit, ich konnte sie nicht sehen. Mein Vorteil war jedoch, daß sie nicht wußten, daß ich sie nicht sehen konnte. Sie warteten darauf, daß ich einen Fehler machte. Doch die Angst schützte mich vor Fehlern. Also bewegte ich weiterhin die Peitsche und sprach beruhigend auf die Tiger ein. Und das machte ich die ganze Zeit, bis das Licht wieder anging. Und während der ganzen Zeit wußten die Tiger nicht, daß ich sie nicht sehen konnte. Das war jedenfalls meine Methode, mit den Tigern fertig zu werden, die in der Dunkelheit auf mich lauerten."

27. Vergossen

Kurz vor seinem Examen hatte Yün Meng den Studenten Lin Yu geheiratet, denn als Frau eines jungen Akademikers, der eine glänzende Karriere vor sich hatte, erträumte sie sich eine sorgenfreie Zukunft. Lin Yu bestand sein Examen mit Auszeichnung, doch niemand wollte dem jungen Mann eine Anstellung geben, da er über keinerlei Beziehungen verfügte. Das wenige Geld, das ihnen verblieben war, reichte einige Zeit für das Lebensnotwendige, aber bald konnten sie sich nicht einmal mehr den täglichen Reis leisten. Unverdrossen suchte Lin Yu nach einer Anstellung, aber niemand wollte ihn haben. Mit dem geringen Verdienst für gelegentliche Schreibarbeiten fristeten er und seine Frau ihr karges Leben.

Lin Yu liebte seine Frau sehr, und es schmerzte ihn, mitansehen zu müssen, wie sie unter den dürftigen Lebensumständen litt. Seine Liebe war für ihn ein großer Ansporn, seine Hoffnungen auf eine glücklichere Zukunft nicht aufzugeben. Doch Yün Meng war des Wartens müde. Sie war enttäuscht und fühlte sich vom Schicksal betrogen. Ihr war klar, daß die schönsten Jahre ihres Lebens vorübergingen, ohne daß sie Gelegenheit gehabt hatte, es in vollen Zügen zu genießen. Und so wie in den letzten zwei Jahren wollte sie auf keinen Fall für immer weiterleben.

Eines Tages faßte sie den Entschluß, ihren Mann um ihre Freiheit zu bitten, damit sie sich einem Mann anschließen könne, der ihr ein besseres Leben zu bieten hätte. Mit schmerzendem Herzen sah Lin Yu seine Frau nur stumm an. Sie zählte ihm alle Vorteile einer Trennung auf: Er sei auch wieder frei und brauche nicht mehr für sie zu sorgen, und er käme mit seinem geringen Verdienst alleine viel besser zurecht.

Lin Yu konnte sich nicht entschließen, sich von Yün Meng zu trennen. Doch sie ließ nicht locker. Ihre Argumente wurden nachdrücklicher, und als sie ihm erklärte, daß sie ihre Ehe mit einem Versager wie ein Gefängnis empfinde, gab er sie frei. Sie trennten sich, und Yün Meng zog wieder zu ihrer Mutter.

Lin Yu aber suchte weiter nach einer Arbeit. Eines Tages konnte er eine geringe Stelle in einem Büro übernehmen, für das er schon öfter kleine Aufträge erledigt hatte. Dort erkannte man rasch seine außergewöhnlichen Fähigkeiten, und binnen weniger Jahre war er in eine leitende Position aufgestiegen. Nun endlich konnte er ein standesgemäßes Leben führen, das seiner Persönlichkeit und seinen Interessen angemessen war. Er war glücklich, dies aus eigener Kraft geschafft und trotz der Krisen den Glauben an sich nicht verloren zu haben. Als sich sein behaglicher Wohlstand um eine nicht eben geringe Erbschaft vermehrte, durfte er sich als wohlhabender Mann ansehen, den zumindest keine finanziellen Sorgen mehr drücken würden.

Yün Meng aber war es nicht besonders gut ergangen. Ihre Mutter war gestorben. Keiner von den Männern, um die sie sich bemüht hatte, wollte sie heiraten. Sie lebte allein wie eine Witwe in ihrem Elternhaus. In ihrer Erinnerung begann sich die Zeit mit ihrem sanftmütigen früheren Ehemann zu verklären, und sie fing an, sich nach seiner Liebe zu sehnen. Daß Lin Yu zu Reichtum und Ansehen gekommen war, machte ihr Verlangen nur noch größer.

Eines Tages überwand sie ihren Stolz und suchte Lin Yu im Garten seines Hauses auf. Sie bat ihn, sie als seine Ehefrau wieder anzunehmen. Wie damals, vor einigen Jahren, sah Lin Yu sie lange an und schwieg.

„Ich bin noch immer arm und allein", sagte Yün Meng. „Ich habe mich nicht wieder verheiratet. Ich sehne mich so nach dir. Und weil du mich doch einmal geliebt hast, bitte ich dich, laß mich wieder zu dir kommen."

„Nimm diesen Krug mit Wasser", sagte er endlich. „Und gieß ihn hier auf den Boden aus."

Yün Meng tat wie er verlangte. Sie goß das Wasser aus, das schnell versickerte, und fragte sich, was er wohl damit bezwecke.

„Nun fülle das Wasser, das du ausgegossen hast, wieder in den Krug!" forderte Lin Yu sie auf.

„Wie soll das gehen, daß ich das Wasser wieder einfüllen soll, welches ich vergossen habe?" verwunderte sich Yün Meng.

„Du sagst es", nickte Lin Yu.

28. Der Tierbändiger

Ein Wanderer verirrte sich in einer einsamen Gegend und kam gegen Abend zu einer kleinen Einsiedelei, in der ein alter Eremit lebte. Nachdem der Wanderer sich etwas erholt hatte und sie ins Gespräch gekommen waren, fragte er den Einsiedler, wie er es denn hier in der Einsamkeit aushalten könne.

„Oh, ich finde es hier durchaus nicht einsam", sagte der Eremit. „Ich habe den ganzen Tag von früh bis spät zu tun."

„Womit bist du denn so sehr beschäftigt?" wollte der Wanderer wissen.

„Nun, ich muß zwei Falken zähmen, zwei Sperber abrichten, zwei Hasen beaufsichtigen, eine Schlange bewachen, einen Esel beladen und einen Löwen bändigen", erklärte der Einsiedler.

„Daß wundert mich nicht, daß du mit einem solchen Zoo viel zu tun hast", sagte der Fremde. „Aber wo sind denn all die Tiere? Ich habe keine gesehen. Und wenn ich von einer Schlange und gar einem Löwen gewußt hätte, hätte ich sicher einen großen Bogen um deine Einsiedelei gemacht."

„Nun, ich denke, auch wenn du von meinen Tieren gewußt hättest, wären Befürchtungen nicht nötig gewesen", entgegnete der Eremit, „denn die Tiere, die ich zähmen will, die sind einem jeden Menschen zu eigen."

„Da wundere ich mich aber sehr, denn mir war bisher nicht bewußt, daß ich Falken und Sperber und noch viel gefährlichere Tiere besitzen soll", rief erstaunt der Wanderer.

„Und doch ist es so", erklärte der Einsiedler. „Denn die zwei Falken sind unsere Augen, die sich nicht satt sehen können, die neugierig überall umherhuschen, alles erspähen wollen, selten zur Ruhe kommen, sich jedoch manchmal regelrecht in einen Anblick festkrallen und ihn nicht mehr loslassen wollen. Es ist schwer, diese Falken zu zähmen. Und noch schwerer ist es, das, was sie erspähen, richtig zu verstehen. Du siehst, es ist keine leichte Aufgabe, diese Falken zu lenken.

Die zwei Sperber, diese Greifvögel, sind unsere Hände, die alles anfassen, ergreifen und manchmal nicht mehr loslassen wollen. Wenn man ihnen etwas wegnehmen will, dann können sie wütend werden und wollen zuschlagen. Doch wenn wir es schaffen, die zwei Sperber abzurichten, dann können sie lernen zu streicheln, zu besänftigen, zu helfen und loszulassen.

Zwei Hasen sind zu beaufsichtigen, denn unsere Füße sind wie zwei Hasen, die hierhin und dorthin laufen, die manchmal fortrennen wollen, weil eine Kleinigkeit sie erschreckt, die nicht standhalten wollen und jede Schwierigkeit lieber umgehen wollen. Wenn wir sie jedoch trainieren, können sie lernen, auch Probleme durchzustehen und Hindernisse zu meistern. Dann erst sind wir in der Lage, zur Ruhe zu kommen, und eilen nicht hakenschlagend wie aufgescheuchte Hasen durchs Leben.

Die Schlange ist am schwersten zu bändigen. Obwohl sie von einem Gitter aus zweiunddreißig Zähnen bewacht wird, kann unsere Zunge, die uns das Sprechen ermöglicht, Gift verspritzen wie eine Schlange. Erst wenn wir erfahren haben, was das Gift der Worte anrichten kann, können wir lernen, unsere Schlange zu beherrschen, und sie lehren, die Worte der Wahrheit und des Friedens, der Freude und der Liebe zu sprechen. Aber meistens reicht es schon, wenn man es schafft, die Schlange hinter ihren Gittern ruhig zu halten.

Der Esel, der beladen wird, ist unser Körper. Täglich laden wir ihm die Last des Alltags auf. Und wie oft denken wir: Das trägt der Esel auch noch. Doch dann wird er störrisch, er schlägt aus oder will sich nicht mehr bewegen. Er wirft die Last ab, und wir müssen von neuem lernen, ihm nur tragbare Lasten aufzubürden.

Der Löwe, den wir bändigen müssen, ist unser Herz. Kraftvoll und mächtig schlägt es in unserer Brust. Hier regieren löwengleich die starken Gefühle, die Liebe und der Mut, ebenso wie Wut, Haß, Neid und Rache. Wir müssen lernen, diesen Löwen zu bändigen, wenn wir nicht von ihm nach seinem Gutdünken regiert werden wollen.

Du siehst, daß es mir in meiner Einsiedelei nicht langweilig wird und ich die Einsamkeit brauche, um meine Tiere besser bezähmen zu lernen."

II. Die Sonnenuhr zählt die heiteren Stunden nur

29. Gottesurteil

Der Pfarrer hielt eine mitreißende Predigt über das Thema, daß bei Gott niemand verloren gehe und der Herr auch die Dummen beschütze, wie es im Psalm 116, Vers 6 heißt: „Der Herr behütet die schlichten Herzen; ich war in Not, und er brachte mir Hilfe."

Einem Bäuerchen gingen die Worte sehr zu Herzen. Nach der Messe grübelte er lange über die Predigt nach und faßte einen folgenschweren Entschluß: Ich will es jetzt wissen, ob ich wirklich so dumm bin, wie die Leute im Dorf von mir behaupten. Wenn mir Gott hilft, wie der Pfarrer gesagt hat, dann bin ich wohl tatsächlich dumm.

Auf seinem kleinen Bauernhof angekommen, ging er in die Scheune, stieg auf den Heuboden, öffnete die Ladetüre und sprang – Gott befohlen – in die Tiefe.

Selbstverständlich brach er sich beide Beine und einen Arm, und er schrie aus Leibeskräften.

Die Nachbarn eilten herbei und wunderten sich nicht schlecht als sie hörten: „Gott sei Dank – ich bin gescheit!"

30. Vorteile

Durch ungünstige Umstände dauerte der Bau des neuen Hauses länger als erwartet, und so war dem Bauherrn das Geld ausgegangen. In dem halbfertigen Haus konnten er und seine Familie nicht wohnen. Darum beschloß er, seinen besten Freund, der sehr begütert war, um ein Darlehen zu bitten.

Der Freund bewilligte ihm die recht große Summe ohne Zögern. Als Rückzahlungsmodalität verlangte er von seinem Schuldner, daß er das Geld in monatlichen Raten zehn Jahre lang zurückzahlen solle.

Nachdenklich zog der Bauherr die Stirne in Falten: „Dein großzügiges Angebot kann ich leider nur unter folgender Bedingung annehmen: Lebe ich noch zehn Jahre, so hast du Glück und ich Pech, und ich zahle dir das Darlehen pünktlich zurück. Sterbe ich aber vor Ablauf der zehn Jahre, so habe ich Glück und du Pech, denn dann mußt du auf die Restschuld verzichten."

31. Lob

*E*in Schüler berichtete dem Meister, daß sein Ruhm sich weit verbreitet habe und daß viele Menschen ihn sehr lobten. Der Schüler war der Meinung, dem Meister mit dieser Nachricht eine Freude bereiten zu können.

Doch der Meister zog nur die Stirne kraus und rief: „Was habe ich denn Dummes getan, daß mich viele Menschen dafür loben?"

32. Unwahrheit

Zwei Frauen hatten sich zu einem Plauderstündchen im Café verabredet. Sie ließen sich den Kaffee und den Kuchen schmecken. Auch ein voller Mund konnte die eine der Frauen nicht daran hindern, schon seit einer Stunde ununterbrochen zu reden, als sie plötzlich sagte: „Und jetzt muß ich dir unbedingt erzählen, was ich mir kürzlich aus dem Munde von Ingrid Meier anhören mußte ..."

„Das ist gelogen!" sagte die andere Frau zu ihrer Bekannten, die ob des Vorwurfs irritiert ihren Redefluß unterbrach.

„Wie kannst du behaupten, das sei die Unwahrheit", schnappte sie pikiert, „bevor du überhaupt gehört hast, was ich erzählen will?"

„Ich kann mir nicht denken", bekam sie zur Antwort, „wie du etwas gehört haben willst, wo du doch niemanden reden läßt!"

33. Blumensprache

Diesen Titel gab der lebenskluge und kulturkritische Feuilletonist Victor Auburtin seiner kleinen Erzählung, die er im Jahre 1928 geschrieben hatte:

Welch schönen Balkon Frau Piontek sich angelegt hat!

Offengestanden: Ich hatte ihr soviel Natursinn und Liebe für die Blumen eigentlich gar nicht zugetraut.

Vorn eine ganze Front von Geranien mit Kornblumen abwechselnd; als Dach oder Laube hochgezogen und gewölbt die seltenen Gloxinien; um die Kapuzinerkresse in der Ecke sind die Bienen und Hummeln beschäftigt; weiße Tausendschön an der richtigen Stelle; und die wilden, mädchenhaften Petunien, bei denen man immer an Italien denken muß.

Auch ein rotlackiertes Gießkännchen ist da mit einem Landschaftsbild drauf, das wildbewegte Meer darstellend, nebst einem Schiff und einem Leuchtturm in der Ferne.

Wie gesagt, ich hatte ihr das alles gar nicht zugetraut. Sie zankt immer ihren Mann vor allen Leuten aus und hat eine sehr laute Stimme.

Aber man sollte die Menschen vielleicht nicht nach kleinen Äußerlichkeiten beurteilen. Wer einen solchen Blumenbalkon hat, der muß irgendwo im Herzen ein stilles Paradiesgärtchen mit herumtragen.

„Frau Piontek", sagte ich, „weiß Gott, Sie haben den schönsten Balkon, den ich je in meinem Leben gesehen habe."

„Nicht wahr?" schrie sie mit funkelnden Augen. „Die ganze Straße platzt vor Neid."

34. Weitsichtig

Ein Herr plagte sich mit starken Kopfschmerzen. Er schickte seinen Diener zum Apotheker, damit er ihm eine Arznei hole.

Der besorgte Diener war nun wohl der Meinung, daß es mit seinem Herrn sehr schlecht bestellt sei, da er noch niemals krank gewesen war. Darum bat er auch gleich den Arzt um seinen Besuch, und auf dem Heimweg besprach er sich noch schnell mit dem Bestattungsunternehmer.

Zu Hause fuhr ihn ärgerlich sein Herr an: „Wo bleibst du so lange mit der Medizin? Warum kommst du so spät?"

Beschwichtigend antwortete der Diener: „Herr, ich habe alles in die Wege geleitet."

35. Konsequent

Am späten Abend gehen zwei Eheleute müde nach des Tages Arbeit ins Schlafzimmer, entkleiden sich, ziehen die Schlafwäsche an und legen sich ins Bett.

Beide haben jedoch vergessen, das Licht auszuschalten, und wälzen sich nun in ihren Betten, da sie im Hellen nicht einschlafen können. Nach zwei Stunden sagt die Frau zu ihrem Mann: „Ich glaube, mein Lieber, es wäre doch gut, das Licht auszuschalten. Aber ich bin zu müde, um aufzustehen."

„Das habe ich mir schon lange gedacht", erwiderte der Ehemann. „Aber ich war zu müde, es zu sagen."

36. Verlust

Eine Touristin sitzt im Reisebus, der gerade von Neapel abgefahren ist, und kramt in ihrer Handtasche. Mit einem Male bricht ihr der kalte Schweiß aus, das Herz scheint ihr stehenzubleiben – ihr Geldbeutel ist weg. Nervös springt sie auf, sucht auf dem Boden herum.

„Was ist los?" fragt die Nachbarin.

„Mein Geldbeutel ist verschwunden. Ich kann ihn nirgends finden", stammelt die Touristin. „In Neapel habe ich ihn noch gehabt. Ich habe doch im Restaurant bezahlt."

„Vielleicht haben Sie ihn dort liegen gelassen", überlegt die Nachbarin. „Oder er wurde Ihnen im Gewühl von einem Taschendieb gestohlen."

„Was soll ich denn nur machen. Mein ganzes Geld, meine Kreditkarten, alles verschwunden. Wie soll ich denn nur nach Hause kommen? Er muß doch irgendwo sein", jammert die Frau.

Und sie sucht weiter, kramt ihre Handtasche durch und findet ihn nicht. Sie sucht auf dem Boden. Die anderen Reisegäste sind längst aufmerksam geworden und suchen mit. Helle Aufregung ergreift die Gesellschaft. Alle überprüfen, ob sie ihre Sachen beieinander haben. Einige kriechen auf dem Boden, schauen unter die Sitze.

„Mein Personalausweis ist auch darin gewesen. Alle meine Ausweise. Was soll denn nur werden, wenn alle meine Papiere weg sind?" ruft die Frau in höchster Erregung.

Dem Reiseleiter ist die Unruhe im hinteren Teil des Reisebusses nicht entgangen. Er drängt sich durch die nervöse Gruppe und versucht zu beschwichtigen.

„Nun mal mit aller Ruhe", sagt er mit erhobenen Händen. „Also, sind Sie sicher, daß Sie Ihren Geldbeutel in Neapel noch bei sich hatten?"

„Ja, ganz sicher", antwortet die Touristin.

„Und Sie haben erst hier im Bus festgestellt, daß Ihr Geldbeutel verschwunden ist?"

„Ja, ich habe erst vor ein paar Minuten bemerkt, daß er nicht in meiner Handtasche ist."

„Dann könnte Ihr Geldbeutel also theoretisch in Neapel verschwunden sein", überlegt der Reiseleiter. „Bevor ich aber veranlasse, nach Neapel zurückzukehren, muß ich sicher sein, daß Sie alles abgesucht haben. Vielleicht haben Sie Ihren Geldbeutel aus einem Impuls heraus besonders sicher verstecken wollen. Und vielleicht steckt er noch in einem Winkel. Haben Sie auch sämtliche Taschen Ihres Anoraks geprüft? Suchen Sie noch einmal gründlich in Ihrem Anorak nach, vielleicht ist der Geldbeutel doch in einer der vielen Taschen."

„Was sagen Sie da?" ereifert sich die Frau. „Im Anorak? Aber wenn er im Anorak auch nicht ist, bin ich doch ganz verloren!"

37. Das Beste

Ein reicher Mann lud zur Hochzeit seiner einzigen Tochter die vornehmsten Herrschaften der Stadt ein. Die ganze Gesellschaft war froh gestimmt und setzte sich in Erwartung eines köstlichen Hochzeitsmahles an der festlich geschmückten Tafel nieder.

Livrierte Diener trugen Schüsseln aus edlem Porzellan herein und stellten sie zwischen die silbernen Kerzenleuchter. Groß war das Erstaunen der Gäste, als sie feststellten, daß die Schüsseln lediglich Wasser enthielten, nichts als Wasser. Betreten schwiegen sie, denn sie wußten nicht, wie sie das verstehen sollten. Schließlich erhob sich einer der Gäste und fragte: „Mein Lieber, was hat das zu bedeuten? Du, der Reichste unter uns, lädst die vornehmsten Herrschaften der ganzen Stadt zur Hochzeitsfeier deiner einzigen Tochter ein und setzt zu diesem festlichen Anlaß deinen Gästen lediglich Wasser vor?"

„Ich will euch erklären, wie es dazu kam", sagte der Gastgeber. „Natürlich wollte ich meinen Gästen heute nur das Beste bieten. Darum bin ich selber zum Einkaufen gegangen. Ich ging zum Fischhändler und fragte: ‚Haben Sie fangfrischen Fisch? Ich will nur den besten Fisch, den Sie haben!'

‚Ich verkaufe nur frischen Fisch', sagte der Händler. ‚Meine Fische sind die besten weit und breit. Sie sind so süß wie Zucker.'

Wenn sie süß sind wie Zucker, dachte ich, dann ist Zucker noch besser als Fisch. Also beschloß ich, dann doch lieber Zucker einzukaufen und ging zum Gewürzhändler.

‚Haben Sie guten Zucker?' fragte ich den Händler, und der

sagte mir: ‚Was heißt hier guter Zucker? In der ganzen Welt werden Sie keinen besseren Zucker finden als bei mir. Mein Zucker ist gut wie Honig!'

Da mir nun dieser Fachmann sagte, ‚gut wie Honig', da war es für mich doch eine Ehrensache, viel lieber Honig für dieses Festmahl zu kaufen. Denn wozu sollte ich Zucker kaufen, der ‚gut wie Honig' ist, wenn ich es mir doch leisten kann, dann lieber gleich den Honig zu kaufen. Also lief ich weiter und kam endlich in ein Geschäft, das Honig anbot.

‚Ich brauche guten Honig', sagte ich zu der Geschäftsfrau, ‚sehr guten Honig, denn für die Hochzeit meiner Tochter ist mir nichts zu schade.'

‚Da sind Sie hier genau richtig', erwiderte sie, ‚denn bei mir gibt es den besten Honig, den Sie sich wünschen können. Alle Finger werden sich Ihre Gäste lecken, denn mein Honig ist so rein und golden wie das beste Öl!'

Langsam begann ich zu verzweifeln. Jeder Händler pries mir seine Ware im Vergleich mit noch etwas Besserem an. Und ihr werdet einsehen, daß ich nichts kaufen möchte, das nur ‚so ähnlich wie' ist – dann kaufe ich doch gleich das Bessere. Also machte ich mich wieder auf den Weg, um gutes Öl zu kaufen.

Ich verlangte das beste Öl und bekam zur Antwort: ‚Ach, Sie kaufen sicher Öl für die Hochzeit Ihrer Tochter. Da will ich Ihnen gleich die beste Qualität abfüllen, ein Öl, sage ich Ihnen, so rein und klar wie Wasser.'

Versteht ihr nun? Wenn Zucker besser ist als Fische und Honig besser ist als Zucker, Öl besser ist als Honig und Wasser besser ist als Öl, so ist also das Wasser besser als alles andere. Deshalb habe ich heute Wasser auftragen lassen, denn ich will, daß meine Gästen in meinem Haus nur das Beste erhalten!"

38. Aussicht

Ein Mann hatte beschlossen, für sich und seine Familie ein schönes, großes Haus zu bauen. Als die Baugrube ausgehoben worden war und das Fundament gelegt wurde, stand er dabei und beobachtete den Baufortschritt. Ein Bekannter kam vorüber und grüßte: „Guten Morgen! Ist es soweit – du baust? Ich wünsch' dir viel Glück!"

„Hat sich was, mit dem Glück", sagte der Bauherr. „Du siehst es ja selbst, ich nehme mein Geld und lege es in die Erde!"

„Nur keine Sorge, lieber Freund, du schaffst das schon. So Gott will, wirst du bald wieder zu deinem Gelde kommen."

39. Mitleid

In einer Stadt lebte ein Mann, der ebenso reich wie geizig war. Er war egoistisch und hartherzig, spendete den Bedürftigen nie etwas und gab keinem einen Pfennig Almosen. Im Gegensatz zu ihm hatte seine Frau ein Herz voller Mitleid, und sie tat heimlich Gutes, soviel sie konnte. Doch gegen die Herzlosigkeit ihres Mannes vermochte sie nichts auszurichten.

Eines Tages im Winter erkrankte ihr Mann schwer. Hohes Fieber schüttelte ihn, und er spürte, daß sein Leben an einem dünnen Faden hing. Aufopfernd saß seine Frau Tag und Nacht bei ihm und pflegte ihn. In einem wachen Moment bemerkte der Kranke, daß Tränen der Sorge über ihre Wangen liefen, und sie erweichten sein hartes Herz.

Er gelobte Besserung. Wenn Gott ihn gesunden ließe, wolle er ein besserer Mensch werden. Nun, da er die Not am eigenen Leibe erfahre, wolle er nicht mehr so gefühllos gegen Bedürftige sein, und er versprach, in Zukunft Mitleid mit allen Menschen zu haben.

Der Geizige wurde gesund, und seine Frau hoffte auf eine Gelegenheit, daß er sein Gelöbnis würde einlösen können.

Eines Nachts peitschte draußen ein schrecklicher Sturm. Der Wind heulte und trieb den Schnee in gewaltigen Böen übers Land. Warm und geschützt lag das Ehepaar in seinem Bett, als es kräftig an die Türe klopfte.

„Laßt mich herein! Gebt mir Obdach! Ich erfriere!" rief es von draußen.

Als der Mann die Worte vernommen hatte, fing er an zu seufzen: „O Gott, es ist zum Erbarmen!"

„Habt Mitleid mit einem Obdachlosen!" rief die Stimme, und wieder pochte es heftig an die Tür.

Schwer seufzte der Mann auf, ja er schluchzte beinahe. „Ach, es ist ein Jammer, so ein Elend!" rief er und wälzte sich auf die andere Seite. Und je heftiger es an die Türe klopfte, desto größeres Wehklagen erhob der Mann und desto mehr ging ihm das Elend draußen vor der Tür zu Herzen.

Seine Frau hatte lange genug auf eine wohltätige Reaktion ihres Mannes gewartet. „Was soll dein Jammern? Wenn du schon Mitleid mit dem Obdachlosen hast, dann bitte ihn herein und laß ihn nicht da draußen erfrieren!" herrschte sie ihn an.

„Du verstehst gar nichts!" brüllte er zurück. „Ich habe geschworen, Mitleid zu haben. Aber wenn ich ihn hereinlasse, dann geht es ihm so gut wie mir. Und wie soll ich dann Mitleid haben?"

40. Familie

Ein Mann fühlte sich von einem anderen Manne schlecht behandelt. Er protestierte dagegen, und es kam zu einem heftigen Wortwechsel. Hin und her flogen die Beschuldigungen und Vorwürfe.

„Jetzt zeigst du endlich dein wahres Gesicht, du elender Schinder!" rief der eine. „Du wirst schon noch sehen, was du davon hast. Ich werde meinem Schwager von deinem Verhalten berichten!"

„So, so; und wer ist dein werter Schwager, wenn ich fragen darf?" entgegnete herablassend der Kontrahent.

„Mein Schwager ist Gott!" bekam er zur Antwort.

„Wie kann Gott dein Schwager sein?" fragte jener nun schon etwas vorsichtiger.

„Das will ich dir gerne sagen, wenn du endlich etwas entgegenkommender wärest und wir uns einigen könnten", bekam er zur Antwort.

Nun, mit Gott wollte sich der Widersacher nicht anlegen, und nach einigem Hin und Her einigte man sich endlich gütlich.

„Jetzt verlange ich aber auch zu wissen, wie Gott dein Schwager sein kann."

„Das will ich dir gerne erklären. Also, mein Schwiegervater hatte zwei Töchter. Die eine habe ich genommen, die andere hat Gott genommen."

41. Zeit genug

Ein Mann kaufte am Bahnhofsschalter eine Fahrkarte für den Bummelzug. Er stieg dann aber in den Schnellzug ein.

Nach einiger Fahrtzeit näherte sich der Schaffner, um die Fahrkarten zu kontrollieren.

„Dieser Fahrschein berechtigt Sie nur zur Fahrt mit dem Bummelzug, für den Schnellzug müssen Sie nachzahlen."

„Von mir aus kann der Zug gerne langsamer fahren", erwiderte der Fahrgast. „Ich habe Zeit genug."

42. So einfach

Ein Mann wollte sich taufen lassen und ging zum katholischen Geistlichen. Der Pfarrer machte ihn mit den katholischen Hauptlehren vertraut. Er unterwies ihn auch in den Kirchengeboten und wie er sich an den Fasttagen zu verhalten habe. Der Mann versprach, sein Leben danach zu richten, und wurde getauft.

Nun geschah es, daß der Pfarrer ausgerechnet am Karfreitag seinen Täufling sprechen mußte und ihn zur Mittagszeit antraf, als er gerade ein knuspriges Hähnchen verzehrte.

Der Pfarrer traute seinen Augen nicht. Verärgert rief er: „Unterstehe dich, am heiligen Karfreitag ein Hähnchen zu essen, wo du doch erst vor ein paar Wochen versprochen hast, die Fastengebote einzuhalten!"

„Das ist kein Hähnchen, Hochwürden", erwiderte der Täufling ganz gelassen, „das ist Fisch!"

„Jetzt werde nicht auch noch unverschämt! Ich habe doch noch Augen im Kopf und kann einen Hahn sehr wohl von einem Fisch unterscheiden. Also füge deinem Vergehen nicht auch noch die Sünde der Lüge hinzu!" empörte sich der Geistliche.

„Ich lüge nicht", verteidigte sich der Täufling. „Sie haben mich doch durch einige Tropfen Wasser vom Ungläubigen zum Katholiken gemacht. Und genau so habe ich es auch mit mit dem Hahn gemacht: Wie du mich vom Ungläubigen zum Katholiken gemacht hast, so habe ich aus dem Hahn einen Fisch gemacht."

43. Günstig

Ein reicher Händler wurde in seinem vierundachtzigsten Lebensjahr schwer krank. Zu seinem Arzt, der ihn gerade untersuchte, sagte er, daß es mit ihm wohl nun zu Ende gehe.

„Nun, so schlecht steht es nicht um Sie", sagte der Arzt zum Schluß seiner Untersuchung. „Ich meine, daß Sie noch hundert Jahre alt werden können, wenn der Herrgott es will!"

„Ach wo", meinte der Reiche mit abwehrender Geste. „Wenn der liebe Gott mich mit vierundachtzig haben kann, wird er mich doch nicht mit hundert nehmen wollen."

44. Initiative

Der Pfarrer einer armen Gemeinde war in großen Geldnöten. Das Gotteshaus brauchte dringend ein neues Dach, denn schon regnete es an einigen Stellen ins Gotteshaus. Aber große Spenden waren nicht zu erwarten, weil es in seiner Herde keinen reichen Unternehmer gab und die meisten Mitglieder seiner Gemeinde gerade das Nötigste zum Auskommen hatten.

Er suchte wie immer Trost in der Bibel, und wie er bei Matthäus (7,7) die Worte las: „Bittet, dann wird euch gegeben" und sie bei Johannes (11,22) in dem Vers: „Alles, worum du Gott bittest, wird Gott dir geben" bestätigt fand, da faßte er einen Entschluß: „Ich werde den Herrn inständig um einen großen Lotteriegewinn bitten, damit ich das Dach seines Hauses reparieren lassen kann."

Von nun an betete er jeden Morgen und jeden Abend, daß Gott ihm seine Bitte erfüllen möge. Doch nichts geschah. Der Sommer ging vorbei und die Herbststürme setzten dem Kirchendach noch ärger zu. Der Pfarrer war verzweifelt. Noch immer hatte sich der erhoffte Geldsegen nicht eingestellt, und der Pfarrer betete noch inbrünstiger. Ja, er fing an, den Herrn mit seinem Flehen regelrecht zu bedrängen.

Den Kopf in die Hände gestützt kniete er unter dem Kruzifix. „Warum erhörst du meine Bitten denn nicht, Herr? Was soll ich denn noch tun, als aus tiefstem Herzen zu dir zu flehen?"

Und in seiner Versenkung vermeinte der Pfarrer, mit einem Mal ganz deutlich eine Stimme zu vernehmen, die ihn fragte: „Warum kaufst du nicht endlich ein Los?"

45. Genau jetzt

Ein Schnorrer hielt einen gut gekleideten Herrn auf der Straße an und klagte, er habe schon seit zwei Tagen keinen Bissen mehr gegessen. Er machte einen so erbärmlichen Eindruck, daß der Passant ihm ein großes Geldstück gab.

Einige Zeit später betrat der Herr ein vornehmes Café, in dem er eine Verabredung hatte, und sah den Schnorrer behaglich in einer Ecke sitzen und ein großes Stück Kuchen essen. Empört, seine Mildtätigkeit so unverschämt ausgenutzt zu sehen, ging er auf den Schnorrer zu und herrschte ihn an: „Dazu gehen Sie also betteln, damit Sie sich den Bauch mit Kuchen vollschlagen können?"

„Also, das ist wirklich ein starkes Stück, mich zu beschimpfen, weil ich ein Stück Kuchen esse!" empörte sich der Bettler. „Als ich keinen Pfennig in der Tasche hatte, konnte ich keinen Kuchen essen. Jetzt, da das Glück mir geholfen hat, zu ein paar Mark zu kommen, darf ich keinen Kuchen essen. Sagen Sie mir doch, mein Herr, wann soll ich eigentlich ein Stück Kuchen essen?"

46. Einleuchtend

Ein Mann hatte für seinen Sohn per Katalog ein Fahrrad bestellt. Als das Rad bei ihm eintraf, mußte er feststellen, daß noch einige Teile zu montieren waren, bevor das Fahrrad verkehrstüchtig war. Anhand der Gebrauchsanleitung hatte er alle Einzelteile einander zugeordnet auf dem Boden der Garage ausgelegt. Doch obwohl er die Anleitung mehrmals gründlich studiert hatte, wollte ihm die Montage nicht gelingen. Nachdenklich schaute er zu seinem Nachbarn hinüber, der auf dem Grundstück gegenüber seinen Rasenmäher reparierte. Er beschloß, den Nachbarn, der zweifellos handwerkliches Geschick besaß, um Hilfe zu bitten.

Der Nachbar schaute sich das ausgebreitete Fahrradzubehör kurz an und begann dann methodisch und geschickt, ein Teil nach dem anderen zu montieren, ohne die Gebrauchsanleitung auch nur zur Hand genommen zu haben. Nach kurzer Zeit waren alle Teile richtig angebracht.

„Wirklich erstaunlich!" sagte der Mann. „Wie haben Sie das nur geschafft, ohne die Gebrauchsanleitung zu studieren?"

„Nun, es wissen nur ein paar Leute", sagte etwas verlegen der Nachbar, „ich kann nämlich nicht lesen." Dann fügte er selbstbewußt und verschmitzt lächelnd hinzu: „Und wenn man nicht lesen kann, dann muß man denken können."

47. Gefährlich

„Und als ich so vollkommen alleine durch den Wald marschierte", erzählte der Reisende, „jagten auf einmal hundert Wölfe hinter mir her."

„Hundert Wölfe?"

„Ja, wie ich schon sagte: Hundert Wölfe verfolgten mich!"

„Ach, das kann ich nicht glauben, solche Rudel gibt es nicht!"

„Naja, hundert, wie man so sagt. Vielleicht waren's fünfzig!"

„Fünfzig wären auch genug. Aber fünfzig Wölfe? Haben Sie wirklich fünfzig Wölfe gezählt?"

„Was, zählen sollte ich sie auch noch? Ich war der Panik nahe. Kann sein, es waren zwanzig Wölfe."

„Zwanzig wären immer noch ziemlich viele, es werden wohl doch weniger gewesen sein."

„Warum streiten Sie mit mir über die Anzahl. Zehn Wölfe jagen mir Angst ein, sogar fünf, aber auch vor dreien nehme ich Reißaus. Und wenn Ihnen nur ein Wolf hinterherhetzt, kriegen sie es mit der Angst zu tun!"

„Haben Sie wirklich einen Wolf gesehen? War da wirklich ein richtiger Wolf hinter Ihnen her?"

„Ja, was glauben Sie? Wer soll dort denn sonst geknurrt haben?"

48. Methode

Zum Meister kam ein Lehrer, der ihm seine Beliebtheit neidete. Nichts verlangte er sehnlicher, als ebenso berühmt und geachtet zu sein wie der Meister. Schon einmal hatte er um eine Audienz gebeten und hatte sich mächtig aufgespielt, weil er nicht sofort vorgelassen worden war.

Endlich empfing der Meister ihn, und der zudringliche Lehrer befragte den Meister nach seiner Lehrmethode.

Der Meister legte eine Hand hinters Ohr und sagte: „Sprich bitte etwas lauter, damit ich dich besser hören kann."

Laut wiederholte der Lehrer seine Frage, doch noch einmal sagte der Meister: „Würdest du bitte etwas lauter sprechen, denn ich verstehe dich noch immer nicht."

Da beugte der Gast sich vor und brüllte so laut wie er konnte den Meister an: „Was ist deine Lehrmethode?"

Nun lächelte der Meister und sagte: „Meine Lehrmethode kennst du nicht, aber die deine hast du mir soeben verraten."

49. Verwandlung

Ein Schüler gestand dem Meister, daß er unzufrieden sei mit den Ergebnissen seiner Übungen und er das Gefühl habe, der Erleuchtung noch keinen Schritt näher gekommen zu sein.

„Du erinnerst mich an den Gottsucher, dem es auch nicht schnell genug ging", sagte der Meister. „Im Basar hatte der Gottsucher beobachtet, daß ein Mann ein grobes Tuch dem Händler zum Verkauf brachte. Der Händler machte die Ware schlecht: sie sei rauh wie ein Schotterweg und stachelig wie ein Igelrücken. Nach einigem hin und her einigte man sich auf einen recht geringen Preis und der Händler legte die Decke in seinen Kasten.

Kurz darauf kam ein Kunde und verlangte eine schöne, weiche Decke von guter Qualität. Da nahm der Händler die eben angekaufte Decke aus seinem Kasten heraus und pries sie dem Käufer in den höchsten Tönen an: diese Decke sei einfach unvergleichlich, von feinstem Tuch, so zart wie Seide.

Da stieß der Gottsucher, der alles miterlebt hatte, einen Schrei aus, lief zum Händler und rief: ‚Um meiner Seligkeit willen, bitte setze mich doch auch in deinen Zauberkasten, der minderwertiges Zeug zu Seide von höchster Güte macht, damit auch ich endlich verwandelt werde.'"

50. Enttäuschung

Der Meister ermahnte seine Schüler, Eitelkeit und Selbstsucht zu überwinden. „Eure Gebete sind nicht nur nichts wert, viel schlimmer noch, sie sind eine Beleidigung Gottes, wenn ihr nicht reinen Herzens mit ihm sprecht! Darum will ich euch ein Beispiel erzählen:

Ein frommer Mann geht abends in den Tempel, um bis zum Morgen seine Gebetsübungen zu verrichten. Als es Nacht geworden war und auch im Tempel alle Kerzen verlöscht waren, hört er in der Dunkelheit ein Geräusch. Er glaubt, daß ein anderer frommer Beter in den Tempel gekommen sei, um sich wie er den gottgefälligen Mühen des nächtlichen Gebetes zu unterziehen. Da er sich nun beobachtet weiß, verdoppelt er seinen Eifer, gleichso als wollte er in einen Wettbewerb mit seinem Konkurrenten treten.

Als die ersten Lichtstrahlen des neuen Tages den Tempel erhellten, mußte er jedoch feststellen, daß der andere nächtliche Besucher ein Hund war und er die ganze Nacht für einen Hund gebetet hatte."

51. Suchen und Finden

Bei einem Konzert war ein junger Mann auf eine hübsche junge Dame aufmerksam geworden, die zwei Reihen vor ihm saß und hingerissen dem Konzert lauschte. Der junge Mann aber hatte nur noch Augen für die schöne Dame. An dem Abend hatte er sich unsterblich verliebt.

In den folgenden Monaten bemühte er sich mit wachsender Verzweiflung um eine Begegnung mit der Geliebten, doch alle seine Bemühungen wurden zurückgewiesen. Als sie schließlich seinem Drängen nachgab, erklärte sie sich bereit, ihn bei der Bank am Parkbrunnen zu treffen.

Da saßen sie nun an einem herrlichen Sommertag zusammen auf einer Parkbank, und am Ziel seiner Sehnsucht griff der junge Mann in seine Tasche und holte einen Stapel Liebesbriefe hervor, die er ihr in den letzten Monaten geschrieben hatte. Wegen ihrer abweisenden Haltung hatte er sie jedoch nicht abzuschicken gewagt. Jetzt aber konnte er ihr ja alles sagen, was ihm am Herzen lag. Und so las er ihr Stunde um Stunde seine Briefe voll brennendem Schmerz, heißem Verlangen und glühender Sehnsucht vor.

„Was bist du doch für ein Narr", sagte die junge Dame schließlich. „Seit Stunden liest du mir deine Briefe vor und erklärst mir deine Sehnsucht nach mir. Seit Stunden sitze ich aber auch neben dir, doch du bist in deine Herzensergüsse vertieft."

III. Wir können nicht leben, wenn wir die Sonne nicht suchen

52. Ewiges Leben

"Sterben ist nichts anderes, als im Buch des Lebens eine neue Seite aufzuschlagen", sagte der Meister. "Die anderen meinen, es ist der Tod. Für die jedoch, die sterben, ist es das Leben.

Zu einem Weisen kam einmal ein Mann, der sagte, seit vielen Jahren denke er über das Sterben und den Tod nach. Auch habe er alle Bücher zu dem Thema gelesen und mit vielen Gelehrten darüber gesprochen. Doch noch immer habe er keine überzeugende Antwort auf seine Frage gefunden. Darum wolle er auch von ihm wissen: Was geschieht nach dem Tod?

Der Weise sah den Mann nur verwundert an und sagte: ‚Was fragst du mich? Frage das doch bitte jemanden, der sterben wird. Ich habe die Absicht zu leben!'"

53. Fesselnd

Rustem war ein berühmter Held und Feldherr in den Diensten des Herrschers von Persien. Er wurde von allen im Heere „Der rechte Arm des Herrschers" genannt, denn sein Mut und seine Klugheit machten ihn beliebt bei allen Soldaten, die jedoch sein rasches Aufbrausen und seinen Jähzorn in gleichem Maße fürchteten.

Einst mißfiel ihm eine Entscheidung des Herrschers so sehr, daß er sie als direkte Beleidigung seiner Person ansah und annehmen mußte, daß er in Ungnade gefallen sei. Um das drohende Schicksal abzuwenden, sammelte er seine ihm ergebenen Offiziere um sich und versicherte sich ihrer Unterstützung, denn in seiner Verbitterung plante er nichts anderes, als einen Aufstand anzuzetteln.

Als dem Herrscher dieses Vorhaben hinterbracht wurde, sprach dieser zu sich selbst: „Wenn dieser Ehrgeizling, den meine Soldaten als einen Helden verehren, die Fackel der Empörung anzündet, so weiß ich nicht, welches Bollwerk ich dagegen setzen soll. Aber ich will meine Wesire befragen und hören, was sie mir raten können."

Der Rat der Wesire empfahl dem Herrscher einstimmig, den mächtigen Verräter Rustem sofort in Ketten zu legen, um den Aufstand im Keime zu ersticken.

Nachdenklich bestätigte der Herrscher seinen Ministern, daß er ihrem Rate unverzüglich folgen wolle. Statt aber die Elitetruppe seiner Leibwache auszuschicken, um Rustem in einem günstigen Augenblick zu überwältigen und ihn in eisernen Ketten abzuführen, sandte er eine Botschaft an Rustem und bat ihn zu sich.

Übel gelaunt und mühsam beherrscht fand sich der Feldherr bei seinem Herrscher ein. Doch nicht schlecht war sein Erstaunen, als ihn der Herrscher statt mit Vorwürfen und Anklagen mit Wohltaten, Geschenken und neuen Ehren wegen seiner großen Verdienste überhäufte und ihn seiner Gnade und Liebe versicherte. Überwältigt von soviel Großmut sank der stolze Mann auf die Knie, schwor seinem Vorhaben ab und gelobte seinem Herrscher aufs neue ewige und unverbrüchliche Treue.

Doch auch die Wesire waren höchst überrascht vom Verhalten des Königs, da er ursprünglich doch ihrem Rat folgen wollte.

„Seht, meine Herren Minister", sprach der Herrscher zu ihnen, „ich habe euren Rat befolgt, mir jedoch eine kleine Abwandlung gestattet. Ich habe Rustem mit der stärksten Kette gefesselt. Für Hände und Füße braucht man viele Ketten, und sie sind grausam und eines tapferen Mannes unwürdig. Für das Herz braucht man nur eine. Und bei edlen Menschen hält sie ewig."

54. Wesentliches

Der Großmogul von Indien hatte in seinem Palast eine so große Bibliothek, daß hundert Bibliothekare angestellt waren, sie in Ordnung zu halten, und tausend Kamele nicht ausgereicht hätten, alle ihre Schriften zu transportieren. Doch der Herrscher fand keine Zeit zum Lesen, denn die Jagd war sein größtes Vergnügen. Darum trug er seinen gelehrten Brahmanen auf, das beste und nützlichste, das in den Büchern seiner Bibliothek zu finden war, in kurzen Auszügen zusammenzufassen und ihm darüber zu berichten.

Die Gelehrten arbeiteten unermüdlich zwanzig Jahre lang, um das Ansinnen des Herrschers zu erfüllen, und sie hatten es nach so langen Jahren geschafft, ein kurzes Resümee des Wissens zusammenzustellen, das nur zweitausend Bände umfaßte und von dreißig Kamelen problemlos transportiert werden konnte. Voller Befriedigung präsentierten sie dem Herrscher ihre großartige wissenschaftliche Leistung; aber zu ihrer maßlosen Enttäuschung mußten sie hören, daß der Großmogul die Ladung von dreißig Kamelen noch für viel zu umfangreich befand.

Sie verminderten also den Umfang des Wissens auf fünfzehn Kamelladungen, kürzten dann bis auf neun, reduzierten bis auf vier und halbierten es endlich bis auf zwei Kamele. Doch noch immer nicht kompakt genug, reduzierten sie das Wissen bis auf einen Umfang, den ein Esel von mittlerer Größe bequem tragen konnte.

Über die Jahre dieser großen Anstrengung waren nicht nur die gelehrten Bibliothekare sondern auch der Herrscher alt geworden. Der Großmogul bezweifelte, daß er lange genug leben werde, um das Meisterwerk der kurzen Vollständigkeit auch lesen zu können. Von seiner großen Enttäuschung erzählte er einem weisen Manne, der einige Tage an seinem Hofe weilte.

„Großer Herrscher, obgleich ich die unvergleichliche Bibliothek, die du dein eigen nennst, nicht aus eigener Anschauung kenne, so traue ich mir dennoch zu, dir in kürzester Zeit einen sehr kurzen und außerordentlich nützlichen Auszug daraus vorzulegen", behauptete der Weise. „In wenigen Augenblicken kannst du ihn lesen, und du wirst soviel darin finden, daß du darüber dein ganzes Leben nachzudenken haben wirst."

Er ließ sich Pergament und Feder bringen und schrieb unverzüglich folgende vier Lehren auf:

1. Die meisten Wissenschaften enthalten im Kern nur dieses einzige Wort: vielleicht. Und alle Historie besteht aus drei Worten: Sie wurden geboren, sie litten und sie starben.

2. Liebe, was recht ist, und tue, was du liebst. Denke, was wahr ist, und sage nicht alles, was du denkst. So wirst du rechtschaffen und weise.

3. O Herrscher, bezwinge deine Begierden. Beherrsche dich selbst, dann wird es nur ein Spiel sein, die Welt zu beherrschen.

4. Und schließlich kann ich nur zu der Einsicht raten – auch wenn viele Klugschwätzer es noch immer zu bezweifeln wagen – es gibt kein Glück ohne Tugend, so wie es auch keine Tugend ohne aufrechten Glauben gibt.

55. Harmonie

Der Mann war ein Macher. Einer, der immer unter Dampf steht. Der wütend wird, wenn die Geschäfte nicht so laufen, wie er sie geplant hat. Aber der Mann war sehr erfolgreich in seinen Unternehmungen. Ein wunderbares Haus, ein sportlich elegantes Auto der Spitzenklasse, edelste Kleidung und teure Accessoires waren die Attribute seines Erfolges. In seinen wenigen freien Minuten ging er gerne in einem vornehmen Restaurant eine Kleinigkeit essen.

Dort traf er gelegentlich einen Bekannten, der als Lebenskünstler angesehen wurde. Sein Auftreten war von unnachahmlicher Eleganz, und die lag einzig und allein in seiner Ausstrahlung. Alles Aufdringliche und Unechte war ihm fremd. Lässig elegant wie seine Kleidung war auch sein Umgang: In jedem Augenblick wirkte er, als wenn er alle Zeit der Welt hätte. Er war freundlich und großzügig zu jedermann. Zudem schätzten seine Bekannten an ihm, daß er aufmerksam zuhören konnte.

Mit raschen Schritten ging der Manager auf seinen Bekannten zu, der ruhig die Zeitung schloß, die er gerade gelesen hatte.

„Sie sind mal wieder mächtig wütend", begrüßte er den Manager.

„Woher wollen Sie das wissen?" schnaubte der Unternehmer irritiert.

„Ich sehe es an Ihrer Krawatte. Die Art wie sie Ihnen um den Hals hängt, verrät es mir. Was nützt Ihnen die eleganteste Kleidung, wenn Sie nicht in Harmonie mit sich selbst sind. Die Kleidung gibt sie Ihnen nicht."

56. Hinwendung

Der Meister war mit einer Schar auserwählter Schüler auf dem Weg zu einer mehrere Tagesreisen entfernten heiligen Stätte. Um sich auf den Ort und die heiligen Handlungen vorzubereiten, hatten sie beschlossen, trotz der Strapazen der Reise ihre Zeit bis dahin in strengem Fasten zu verbringen.

Am späten Nachmittag kamen sie in ein Dorf, in dem sie über Nacht bleiben wollten. Die Dorfbewohner fühlten sich durch den Besuch sehr geehrt, und in kurzer Zeit hatten sie ein opulentes Festmahl hergerichtet, mit allem, was ihr Dorf an Wohlschmeckendem zu bieten hatte: große Schalen mit duftendem Reis, gebratenes Ziegenfleisch, köstliche Saucen, frische Früchte und süßes Naschwerk.

Als der Meister und seine Reisegruppe freundlich zu Tisch gebeten wurden, ging nur der Meister hin. Verwundert sahen sich die Schüler an: Hatten sie nicht eine Fastenzeit vereinbart? Sollte der Meister das plötzlich vergessen haben? Aber nie hätten sie es gewagt, ihn zurückzuhalten. Der Meister nahm an der reich gefüllten Tafel Platz und ließ es sich schmecken, während seine Adepten ihre knurrenden Mägen nur mit heißem Tee füllten. Auf die diskrete Frage des Dorfältesten, warum denn seine Schüler ihr Essen verschmähten, antwortete der Meister im beiläufigen Tonfall: „O, sie verschmähen eure Köstlichkeiten durchaus nicht. Aber sie fasten."

Als die Reisegruppe am nächsten Morgen in aller Frühe das Dorf verließ, konnten die Schüler nicht länger an sich halten: „Wie konnte es geschehen, daß du dich gestern abend satt gegessen hast, obwohl doch für die ganze Reise eine Zeit des Fastens beschlossen worden war. Hattest du das etwa plötzlich vergessen?"

„Nein, natürlich hatte ich das nicht vergessen", antwortete lächelnd der Meister. „Ich habe es nur vorgezogen, lieber das Fasten zu brechen als die Herzen der Menschen, die mit viel Liebe und Mühe das Essen vorbereitet und uns freundlich eingeladen hatten."

57. Gelassen

Ein islamischer Weiser kam nach langer Wanderung endlich an einen schattigen Platz, und er ruhte sich ganz entspannt unter dem weiten Schirm einer Zeder aus. Die Beine weit von sich gestreckt, die Arme unter dem Kopf verschränkt, so genoß er die Minuten der Entspannung und der Ruhe.

Doch die währte nicht lange. Ein frommer Mann kam des Weges, und der rief bei dem Anblick, der sich ihm dort im Schatten der Zeder bot, voll Entsetzen aus: „Was bist du nur für ein gottloser Mensch!"

Aus seiner Ruhe aufgeschreckt, entgegnete der Weise: „Was fällt dir ein, mich so wüst zu beschimpfen? Aus welchem Grunde soll ich gottlos und unverschämt sein? Schließlich habe ich nichts anderes getan, als mich friedlich auszuruhen. Also sage mir, was ich falsch gemacht haben soll."

„Du liegst äußerst frech und schamlos da, weil deine Füße nach Mekka zeigen, und du dadurch Allah beleidigst", belehrte ihn der fromme Mann.

Der Weise aber blieb ungerührt liegen und dachte gar nicht daran, seine erholsame Lage zu verändern. Einen Augenblick später sagte er: „Komm bitte näher, mein Freund. Fasse mich an den Füßen und drehe mich in die Richtung, in der Allah nicht ist."

58. Vergebung

Als der Kalif bei Tische saß, stolperte einer der aufwartenden Sklaven über die dicken Teppiche und ließ eine Schale voll dampfenden Reises auf das ehrwürdige Haupt fallen. Zornig starrte der Kalif den ungeschickten Sklaven an. Der warf sich in Erwartung der drohenden Strafe seinem Herrn zu Füßen und stammelte die Worte aus dem Koran:

„Das Paradies ist denen bereitet, die ihren Zorn zurückhalten und ihn beherrschen."

Mit zusammengepreßten Zähnen knirschte der Kalif: „Ich bin nicht zornig."

„Und denen, die sie beleidigt haben, verzeihen", ergänzte der Sklave den Koranvers.

Starren Blickes sagte der Kalif: „Ich verzeihe dir."

„Und die lieben Gott über alles, die Böses mit Gutem vergelten."

Mit lautem Lachen vertrieb der Kalif seinen Zorn und reichte dem Unglücklichen die Hand: „Du bist ungeschickt mit deinen Füßen, doch klug in deinem Herzen. Ich schenke dir hundert Drachmen."

Gerührt umfaßte der Sklave die Füße des Kalifen: „O mein Herr", rief er aus, „du gleichst dem edelsten Baum: Ohne Ansehen der Person leiht er seinen Schatten und schenkt Früchte selbst dem, der Steine gegen ihn schleudert."

59. Die Leute

*E*in Reisender kehrte kurz vor der Stadt, dem Ziel seiner Reise, in einen Rasthof ein. Dort traf er auf den Meister, der sich mit einer Schale Tee erfrischte.

„Sag mir, wie sind die Leute in dieser Stadt. Kann man ihnen vertrauen?" fragte der Fremde.

„Sage du mir zuerst, woher du kommst und welche Leute dort leben", entgegnete der Meister.

Der Fremde winkte verächtlich ab. „Ich komme aus Belar. Die Menschen dort stehlen und betrügen, belügen dich, wo sie nur können, und sind mürrisch und mißtrauisch. Ich bin froh, daß ich ihnen nun endlich den Rücken gekehrt habe."

„Nun, es tut mir leid, dich enttäuschen zu müssen", sagte der Meister. „Hier wohnen keine besseren Menschen. Du wirst sie genau so mißtrauisch und unfreundlich finden, wie die Menschen bei dir zu Hause."

Einige Zeit später kam ein anderer Reisender zum Tisch des Meisters und sagte: „Ich bin fremd hier und kenne mich nicht aus. Wie sind denn hier die Leute so?"

„Ach, wie sollen sie schon sein? Wie sind denn die Leute dort, wo du herkommst?" fragte der Meister.

„Ich komme aus Belar", antwortete der Fremde. „Da wohnen redliche und freundliche Leute, und ich habe mich dort wohlgefühlt. Aber nun muß ich mir hier eine Arbeit suchen, obwohl ich lieber in Belar geblieben wäre."

Da lächelte der Meister und sagte freundlich: „Ich freue mich, dir versichern zu können, daß du dich hier bald wie zu Hause fühlen wirst. Denn die Leute hier sind genauso wie die Leute in Belar."

60. Schönheit

Ein mächtiger König hatte die gelehrten Männer des Reiches und einige seiner beliebtesten Berater in einer entspannten Runde um sich geschart. Sie saßen auf der Gartenterrasse des Palastes und diskutierten angeregt über die Frage, was wahre Schönheit sei. Immer wieder drangen das Rufen und Lachen ihrer Kinder, die vor ihnen in den Parkanlagen spielten, in ihr Gespräch.

Da hatte der König einen Gedanken, und weil er wissen wollte, welche Antwort sich auf seine Theorie finden ließe, rief er seinen Leibsklaven zu sich und reichte ihm einen goldenen, mit kostbaren Edelsteinen herrlich geschmückten Reif.

„Gehe zu den Kindern und setze den Reif dem Kind auf den Kopf, von welchem du meinst, daß er zu seiner Schönheit am besten paßt."

Der Sklave wußte nur zu gut, daß mit den Launen des Herrschers nicht zu spaßen war. Behutsam nahm er den Reif entgegen und fragte sich, was ihm passieren werde, wenn er die Erwartungen des Königs nicht erfüllen würde.

Er rief die Kinder zusammen, und setzte den Reif zuerst dem hübschen Königssohn aufs Haupt.

„Vermutlich wünscht der Herrscher, daß der Reif seinen Sohn am besten schmücken soll, aber irgendwie bin ich nicht zufrieden. Sind es die Augen oder wie er den Mund verzieht?" überlegte der Sklave. „Nein, er ist es nicht. Ich will ihn einem anderen Kind aufsetzen."

So probierte er es bei einem Kind nach dem anderen. Aber nie war er wirklich zufrieden. Eine Kleinigkeit störte in seinen Augen immer. Jedesmal fehlte der Harmonie, die ihm vorschwebte, eine kleine Unzulänglichkeit.

Schließlich setzte er den goldenen Reif auch dem letzten Kind in der Reihe auf den Kopf. Der paßte einfach wunderbar und schmückte den Kleinen, als wäre er speziell für ihn gefertigt worden. Einfach herrlich war der Junge anzusehen, und der Sklave nahm das Kind an die Hand, und sie traten vor den Herrscher. Der Sklave verneigte sich, und bebend vor Angst sagte er mit zitternder Stimme:

„Mein König, von allen Kindern finde ich, daß diesem Jungen der Reif am besten steht. Und wenn es mich auch mein Leben kosten sollte, da dieses Kind mein Sohn ist, so bleibe ich doch bei meiner Überzeugung."

Da lachten der König und die versammelten klugen Herren sehr herzlich.

„Behalte den Reif für deinen Sohn. Denn du hast mir genau bewiesen, was ich wissen wollte: Es ist das Herz, das die Schönheit erkennt. Sonst nichts."

61. Hingabe

Einst lebte eine junge Frau in einfachsten Verhältnissen. Sie fristete ihr Leben durch Putzen, Toilettenreinigen und Waschen für andere Leute, obwohl sie wunderschön singen konnte. Doch ihre besondere Gabe bestand nicht in ihrem Talent, sondern vielmehr darin, daß sie nicht für die Reichen und ihr Geld sang, sondern für die Leute ihrer Umgebung, die ihr nichts bezahlen konnten. Die fühlten sich durch die Schönheit ihres Gesangs reich beschenkt und waren ihr dankbar mit ihrer Freundlichkeit.

Mit der Zeit führte die Großherzigkeit der Sängerin dazu, daß ihr kleiner Ruhm über ihre nächste Umgebung hinausdrang, und so wurden Menschen auf sie aufmerksam, denen sie bei ihrer Arbeit nie begegnet wäre. Diese aufrichtigen Bewunderer ermöglichten es ihr nun, auch vor größerem Publikum zu singen.

Die Wesenszüge der Güte und Wohltätigkeit ihres Herzens, welche unmittelbar der Freude des Singens entsprangen, formten ihre Stimme derartig, daß ihr Gesang eine Quelle des Trostes und der Ermutigung für viele Menschen wurde. Und so wuchs sie über die Mühsal ihrer gewöhnlichen Arbeit hinaus und wurde berühmt und verehrt im ganzen Land.

62. Ausstrahlung

Ein Schüler fragte den Meister: „Bitte sage mir, woran erkenne ich einen guten Menschen?"

„Einen guten Menschen erkennst du nicht an dem, was er sagt", antwortete der Meister. „Er ist auch nicht an dem zu erkennen, was er zu sein scheint. Du kannst ihn aber erkennen an der Atmosphäre, die durch seine Gegenwart erzeugt wird. Denn niemand ist befähigt, eine Atmosphäre zu erschaffen, die seinem Geist nicht entspricht."

63. Freiheit

Eine schöne und erfolgreiche Frau war zeit ihrer Karriere von den Medien umschwärmt worden. Dann hatte sich eine Krankheit bemerkbar gemacht, die sie zur Aufgabe ihrer Arbeit zwang. Zurückgezogen lebte sie an einem stillen Ort zusammen mit ihrer Vertrauten und Pflegerin. Denn erst als ihre Beine gelähmt und auch die Bewegungen des linken Armes beeinträchtigt waren, wagten die Ärzte zu hoffen, daß die Krankheit sich nicht weiter ausbreiten werde.

Jahrelang hatte die Frau keine Interviews gegeben. Nun hatte sie sich entschlossen, einem Journalisten und Freund aus früheren Tagen Rede und Antwort zu stehen, da er auf ihre Lebenserfahrungen für ein Buch, das er veröffentlichen wollte, nicht verzichten mochte. Er hatte sie vom Thema und Aufbau seines Werkes überzeugen können, und so verabredeten sie, an einem schönen Sommernachmittag miteinander ein langes Gespräch zu führen.

Sie hatten über ihre Kindheit und ihre Karriere, über ihre Berufserfahrungen und zuletzt auch über ihre Krankheit gesprochen. Der Journalist meinte, besonders mitfühlend zu sein, als er von dem grausamen Schicksal sprach, das sie getroffen habe.

„Diese Formulierung lehne ich ab", widersprach die im Rollstuhl sitzende Frau. „Oder vielmehr, das Denken, das hinter einer solchen Formulierung steht. Der Begriff ‚Schicksal' wird heute immer nur negativ belegt, sozusagen als Synonym für ‚die Strafe der Götter'; oder noch fatalistischer ‚als die entseelte Manipulation einer übergeordneten Macht'. ‚Schicksal' können aber sehr wohl auch die glücklichen Wendungen im Leben sein. Wenn aber Schicksal sowohl glückliche als auch unglückliche Ereignisse im Leben bezeichnet, dann bedeutet das Wort ‚Schicksal' nur das Leben selbst. Es gibt für mich kein ‚grausames Schicksal', es gibt für mich nur mein Leben."

Dieses mit Nachdruck vorgetragene Argument ließ den Journalisten nachdenklich verstummen. Dann räusperte er sich und fragte: „Wollen Sie damit sagen, daß Sie ihr Leben auch heute noch genießen?"

„Natürlich genieße ich das Leben!" bekam er lachend zur Antwort. „Das Leben ist einfach wunderbar. Besonders, weil ich keine andere Wahl habe."

64. Füreinander bestimmt

Der Philosoph Moses Mendelssohn wurde nicht nur von den jüdischen Gemeinden hoch verehrt. Sein Vorbild und seine aufgeklärte Toleranz verewigte Lessing in seinem Schauspiel „Nathan der Weise". Zu den Verehrerinnen Mendelssohns zählte auch die Tochter des Kaufmanns A. Guggenheim aus Hamburg, der ihn gerne als seinen Schwiegersohn gesehen hätte. Darum lud er Mendelssohn zu einem Besuch nach Hamburg ein.

Guggenheim hieß ihn herzlich willkommen und stellte ihm nach einiger Zeit seine Tochter vor. Dann ließ er die beiden allein.

Am nächsten Tag besuchte Mendelssohn den Kaufmann in seinem Büro. Die beiden waren etwas bedrückt, und keiner schien die richtigen Worte finden zu können. Mendelssohn räusperte sich und sprach von der anmutigen Tochter, die ihm sehr gefalle.

Guggenheim war sichtlich unwohl zumute. „Soll ich Ihnen ehrlich sagen ..."

„Ja, natürlich. Ich bitte Sie", unterbrach ihn Mendelssohn.

„Da Sie ja ein Philosoph sind, ein wohldenkender und weiser Mann", fuhr Guggenheim zögernd fort, „ und Sie das Leben kennen, werden Sie es meinem Kinde nicht übelnehmen, daß sie, wie sie mir gesagt hat, erschrocken sei, als Sie sie gesehen hat, weil Sie ..."

„Weil ich einen Buckel habe!" fiel ihm Mendelssohn ins Wort. Guggenheim nickte stumm.

„Ich habe nicht erwarten können, daß dies nicht passieren würde. Und ich habe das Entsetzen Ihrer Tochter wohl bemerkt, auch wenn sie sich sehr bemühte, es mich nicht merken zu lassen, um meine Gefühle nicht zu verletzen. Doch da ich Ihre Tochter liebgewonnen habe, möchte ich sie zum Abschied gerne noch einmal besuchen dürfen."

Guggenheim gab seine Einwilligung, und Mendelssohn fand das Mädchen bei einer Näharbeit am Fenster sitzend. Mendelssohn nahm einen Stuhl, setzte sich zu der Tochter und unterhielt sich freundlich mit ihr. Doch das Mädchen sah kein einziges Mal von ihrer Näharbeit auf.

Sie hatten ganz allgemein von Glück, Ehe und Familie gesprochen, als das Mädchen fragte: „Glauben Sie etwa auch, daß die Ehen im Himmel geschlossen werden?"

„Ganz bestimmt glaube ich das", antwortete der Philosoph. „Und ich weiß es aus eigener Gewißheit. Ihnen ist doch die Sage aus dem Talmud bekannt, die davon berichtet, daß bei der Geburt eines Kindes im Himmel festgelegt wird: Der und der bekommt die und die! Nun wurde auch mir meine zukünftige Frau zugewiesen, und dabei hieß es, daß sie einen Buckel haben wird. ‚Lieber Gott', schrie ich da auf, ‚das kann Dein Wille doch nicht sein, ein so schönes Geschöpf durch einen Buckel zu verunstalten. Lieber Gott, dann gib besser mir den Buckel und lasse das Mädchen schön und anmutig sein.'"

Kaum hatte Mendelssohn das gesagt, als ihm das Mädchen zärtlich lächelnd um den Hals fiel.

65. Gerüchteküche

Ein reicher Händler hatte im Ort viele Neider. Über den Erfolg seiner Geschäfte und über seinen Reichtum wurde in der Öffentlichkeit viel geredet. Und kein Gerücht machte schneller die Runde, als wenn es den Erfolg oder Mißerfolg seiner Geschäfte zum Inhalt hatte.

Der Händler fuhr mit seinen Waren zu den großen Märkten der Nachbarorte und bot sie dort an. Seit einiger Zeit hatte er die Gewohnheit angenommen, am Ende eines erfolgreichen Tages mit düsterer Miene heimzukehren und abends in seinem Haus kein Licht zu machen. Hatte er an einem Tage keinen sonderlich guten Umsatz erzielen können, kam er lachend und fröhlich nach Hause und ließ die Lampen in allen Räumen brennen.

Sein bester Freund, der mit den Vorgängen im Geschäft gut vertraut war, fragte ihn nach einiger Zeit: „Erkläre mir, warum du an schlechten Tagen fröhlich bist und dein Haus hell erleuchtest und an guten Tagen dich genau gegensätzlich verhältst? Erst habe ich gedacht, das sei nur eine spontane Idee von dir. Aber jetzt treibst du es schon seit Wochen so."

Grinsend sagte der Händler: „Dir will ich gerne mein Geheimnis verraten. Du weißt doch, wie neidisch und schadenfroh all die Klatschmäuler hier im Ort sind. Und ich wollte mich nicht länger doppelt ärgern, nämlich darüber, daß das Geschäft an manchen Tagen schlecht gelaufen ist, und noch zusätzlich über die Spötter, die sich über meinen schlechten Tag auch noch das Maul zerreißen. Vor Wochen faßte ich einen Entschluß, der mir meinen Seelenfrieden wiedergegeben hat.

Wenn ich nach einem guten Geschäft nach Hause komme, dann mache ich kein Licht an, denn ich bin froh und glücklich. Also sollen auch meine Feinde und Neider glücklich sein, indem ich sie denken lasse, daß ich einen schlechten Geschäftstag hatte.

Wenn ich aber an einem Tag wenig Erfolg hatte, und ich schlechte Laune habe, dann lasse ich mein Haus hell und freundlich erscheinen. Das hebt meine Stimmung, vor allem weil sie draußen jetzt denken, daß ich viel verdient habe und sich nun darüber ärgern."

66. Pragmatisch

Ein König suchte einen Verwalter für den Staatsschatz. Er beauftragte seinen Minister, ihm einen geeigneten Mann für dieses Amt vorzuschlagen.

Nach einigen Tagen berichtete der Minister, daß er den richtigen Mann gefunden habe, denn seine Tugenden seien über jeden Zweifel erhaben. Der König bat, ihm den Kandidaten vorzustellen.

„Junger Mann", sagte der König. „Stelle dir vor, du gehst durch die Straßen, und da findest du einen herrlichen Edelstein, der vor deinen Füßen funkelt. Wirst du ihn aufheben?"

„Aber nie und nimmer hebe ich etwas auf, das mir nicht gehört!" antwortete der Kandidat.

„Der Mann ist ungeeignet für das Amt", entschied der König.

Einige Zeit später stellte der Minister dem König einen neuen Kandidaten vor, und der König stellte zur Prüfung die gleiche Frage.

„Natürlich würde ich den Edelstein aufheben", sagte der Kandidat.

„Auch dieser Mann ist für das Amt nicht geeignet", urteilte der König.

Der Minister war sehr verzweifelt, denn er konnte nicht einschätzen, welche Maßstäbe der König für seine Beurteilung des Kandidaten anlegte. Nach einigen Tagen kam er in Begleitung eines jungen Mannes zum König, der ihm von erfahrenen und hochgeachteten Männern des Reiches empfohlen worden war.

„Wenn du durch die Straßen meines Reiches gehst und da

einen Edelstein vor deinen Füßen liegen findest, wirst du ihn aufheben oder nicht?" fragte der König auch diesen Kandidaten.

„Ach, mein König", antwortete der junge Mann. „Erst einmal finden, dann werde ich schon wissen, was ich gerechterweise zu tun habe."

Da sagte der König: „Er ist der Verwalter, dem ich meine Schatzkammern anvertraue."

67. Unverständlich

Auf einer entlegenen Insel erforschte ein Anthropologe die Strukturen der Inselgesellschaft und die Verhaltensweisen der Bewohner. Eines Tages wurde er aber selbst zum Mittelpunkt der Neugier, denn einige Insulaner wollten von ihm wissen, wie es draußen in der weiten Welt zuginge.

„Wir erfahren hier ja manches durch das Radio, und wenn etwas ganz wichtig ist, wird es uns per Funk mitgeteilt. Einige von uns, die von hier weggegangen sind, haben sogar auf dem Kontinent studiert, und manchmal kommt jemand von denen für ein paar Wochen hierher zurück. Was es draußen in der Welt aber Besonderes gibt, hat uns schon lange niemand mehr erzählt."

„Ich weiß gar nicht, womit ich beginnen soll", sagte der Anthropologe. „Aber da ihr das Radio erwähnt habt, will ich euch sagen, daß es so etwas ähnliches gibt, das nicht nur Sprache und Musik, sondern auch Bilder sendet. Dadurch kann man bereits nach kurzer Zeit sehen und hören, was irgendwo auf der Welt passiert ist. Sprechen kann man heute mit den meisten Menschen, die weit von einander entfernt sind, innerhalb kürzester Zeit per Telefon. Jetzt gibt es kleine Telefone, die man in der Hosentasche mit sich führt, und jeder kann sofort mit jedem sprechen, der auch so ein Telefon hat, egal in welcher Stadt oder in welchem Land der andere lebt. Man kann aber auch Nachrichten und Briefe abschicken, die nur ein paar Sekunden später beim Empfänger irgendwo auf der Welt ankommen. Man kann also innerhalb von ein paar Sekunden alle Nachrichten und Informationen rund um die ganze Erde schicken. Man braucht also keinen Boten, der sich auf eine lange Reise begeben muß, und man muß auch nicht warten, bis ein Brief, auf dem Postweg mit Eisenbahn und Schiff unterwegs, erst nach vielen Wochen beim Empfänger eintrifft. Aber auch die Eisenbahnen fahren immer schneller, und immer mehr Flugzeuge fliegen immer schneller von einem Ort zum andern. Alles geht immer schneller in der Welt da draußen, es ist kaum zu glauben."

Staunend hatten die Insulaner zugehört. „Wenn das alles stimmt, was du uns erzählt hast", sagte der Älteste von ihnen, „dann verstehe ich trotzdem eines nicht: Wenn alles immer schneller erledigt ist, warum habt ihr dann trotzdem keine Zeit?"

68. Nicht betroffen

Ein Passagierschiff fuhr aufs Meer hinaus. Es war schon einige Stunden unterwegs, als das Wetter sich verschlechterte und sich ein schlimmer Sturm erhob. Das Schiff wurde hin und her geworfen und rollte von der einen Seite auf die andere. Von mächtigen Wellen emporgehoben, sank es in tiefe Wellentäler. Wellen schlugen über die Reling, und den Passagieren wurde es sehr elend. Kaum einer konnte sich auf den Beinen halten. Frauen fielen in Ohnmacht. Manch eine fing an zu weinen, doch ein Passagier begann laut zu jammern und zu wehklagen: „O Gott, das Schiff! Hilfe, das Schiff!"

Ein Mitreisender, der meinte, daß dieses Gezeter die Aufregung und Anspannung nur noch verschlimmerte, ging auf ihn zu, faßte ihn an die Schulter und rief: „Was machst du für ein Geschrei? Was soll das? Ist es denn dein Schiff?"

69. Unterschied

Der Jähzorn des Herrschers war gefürchtet. Niemand in seiner Nähe konnte sicher sein, ob seine rasch entflammbare Wut nicht ihn als nächsten treffen würde.

Einmal erzürnte eine Ungeschicklichkeit des Offiziers seiner Leibwache den Herrscher derart, daß er ihn auf der Stelle zum Tode verurteilte. Während der Offizier abgeführt wurde, beklagte er sein Schicksal und beschuldigte den Herrscher als einen unbeherrschten Tyrannen und einen ungerechten Richter.

Der Herrscher, dessen Wut schon wieder verrauchte, fragte die Umstehenden, was der Offizier gesagt habe. Einer von den Ministern, der Mitleid mit dem Verurteilten hatte und nicht von neuem den Zorn des Herrschers entfesseln wollte, gab zur Antwort: Der Offizier habe gesagt, Gott liebe diejenigen, die ihren Zorn mäßigen und unbeabsichtigte Fehler verzeihen könnten.

Der Herrscher erkannte, daß wieder einmal sein Jähzorn ihn übermannt hatte und befahl, den Offizier freizugeben, da er ihm die Strafe erlasse.

Einer von den Hofleuten wollte sich in die Gunst des Herrschers bringen und zugleich dem Minister schaden. Darum trat er vor und sagte: „Ein Untertan soll seinen Herrn nicht belügen und ihm die Wahrheit nicht vorenthalten. Der Verurteilte hat den Herrscher beschimpft und beschuldigt!"

Zornig sah der Herrscher den Höfling an und sagte: „Des Ministers großherzige Unwahrheit ist mir lieber als deine boshafte Wahrheit!"

70. Uneins

Seit Jahren hauste ein Einsiedler in seiner einsamen Hütte und strebte nach Erleuchtung durch strenge Askese. Einmal geschah es, daß ein Wanderer sich in seine Gegend verirrte. Müde und erschöpft kam er zu der Hütte und bat den Einsiedler um einen Becher Wasser.

Der aber wollte sich in seiner Meditation nicht stören lassen und wies den Wanderer mit den Worten ab: „Laß mich in Ruhe und störe mich nicht. Mich kümmert dein Durst nicht. Mein Sinn ist auf Höheres gerichtet, denn ich suche die Einheit mit Gott."

„Wie willst du eins werden mit Gott, wenn du nicht einmal einig mit mir wirst?" fragte der Wanderer und ging seiner Wege.

71. Gottvertrauen

„Mit nur einem Geldstück in der Tasche habe ich mich auf die wochenlange Pilgerfahrt begeben. Ich bin durch Wüsten und Wälder gezogen, doch dank meines Gottvertrauens habe ich es nicht ausgeben müssen", so brüstete sich der Pilger.

„Wo war denn dein Gottvertrauen, als du das Geldstück eingesteckt hast?" fragte der Meister.

72. Reichtum

Ein Mann klagte sehr, daß es ihm gar nicht gut gehe. Es täte ihm alles weh, und Geld habe er auch keines. So fuhr er fort zu lamentieren und zu jammern.

Einer, der in seiner Nähe saß, wollte die Litanei des Selbstmitleids nicht länger anhören und fragte den Klagenden: „Möchtest du lieber blind sein, dafür aber zehntausend Mark besitzen?"

„Auf keinen Fall", sagte der Jammerer.

„Vielleicht möchtest du statt dessen lieber stumm sein und dafür zehntausend Mark haben?"

„Absolut nicht!"

„Möchtest du Arme und Beine verlieren, dafür aber zwanzigtausend Mark dein eigen nennen?"

„Nie und nimmer!"

„Aber dir ist es vielleicht lieber, wahnsinnig zu werden und zehntausend Mark auf dem Konto zu haben?"

„Davor bewahre mich das Schicksal!"

„Schämst du dich denn nicht angesichts der Tatsache, daß du Güter im Wert von wenigstens fünfzigtausend Mark dein eigen nennst, und dennoch hier herumsitzt und jammerst, wie schlecht es dir geht?"

73. Zeit haben

An einem schönen Sommernachmittag setzte sich eine junge Frau neben einen Mann auf die Parkbank, die am Rande des Kinderspielplatzes stand.

„Der Kleine im roten Pullover dort auf der Rutschbahn ist mein Sohn", erklärte sie ihrem Nachbarn.

„Wirklich ein netter Bursche", sagte der Mann. „Mein Sohn ist der im blauen Anorak dort auf der Schaukel."

Und während er das sagte, schaute er auf seine Uhr und rief zu seinem Sohn hinüber: „Stefan, wir sollten nach Hause gehen."

„Nur noch fünf Minuten! Bitte, Papa, noch fünf Minuten", bettelte Stefan. Der Vater nickte zustimmend, und sein Sohn gab der Schaukel neuen Schwung.

Der Vater machte es sich noch einmal bequem, genoß ein paar Minuten lang den Sonnenschein auf seinem Gesicht und schaute den spielenden Kindern zu. Doch dann rief er: „Stefan, komm, wir gehen jetzt!"

„Ach, Papa, noch fünf Minuten. Bitte, nur noch fünf Minuten!"

Der Vater lächelte und rief: „Also gut, meinetwegen!"

„Sie sind aber wirklich ein sehr großzügiger Vater", sagte die junge Frau.

„So großzügig bin ich gar nicht zu ihm. Es ist schon eher meinetwegen", erwiderte der Mann. „Wissen Sie, vor einem Jahr verunglückte mein ältester Sohn Florian tödlich, als er hier in der Nähe auf seinem Fahrrädchen von einem betrunkenen Autofahrer überfahren wurde. Ich hatte wegen meiner Arbeit nie viel Zeit mit Florian verbracht, und jetzt würde ich alles geben für fünf Minuten mit ihm. Ich habe geschworen, bei Stefan denselben Fehler nicht noch einmal zu machen. Er glaubt, er habe noch fünf Minuten zum Schaukeln gewonnen. In Wahrheit habe ich noch fünf Minuten bekommen, um meinem Sohn beim Spielen zuschauen zu dürfen."

74. Verschüttete Milch

Während der Hauptverkehrszeit in den frühen Morgenstunden rutschte einem Kleinlaster, der zur Molkerei fuhr, eine große Milchkanne von der Ladefläche, der Deckel sprang ab und dreißig Liter Milch ergossen sich über die Fahrbahn. Ein Polizist stoppte den Verkehr und der Fahrer holte die verlorene Kanne zurück.

Schon wollte der Polizist den Verkehr wieder freigeben, als er eine kleine Katze aus den Büschen am Straßenrand auf die Fahrbahn gehen sah, die anfing, die Milch aufzulecken. Der Polizist gab die Fahrbahn nicht frei, und ungefähr drei Ampelphasen lang mußten die Autofahrer warten.

Nachdem das Kätzchen sich satt getrunken hatte und wieder in den Büschen verschwunden war, gab der Polizist das Zeichen, und der Verkehr rollte weiter, als wenn nichts geschehen wäre.

75. *Möglich*

*E*ine Lehrerin fragte ihre kleinen Schüler, was sie denn werden wollen, wenn sie einmal groß sein würden. Wild durcheinander kamen von allen Seiten die Rufe: „Schlagersänger"; „Fußballspieler"; „Lehrerin"; „Ärztin"; „Pilot"; „Schauspielerin"; „Rennfahrer"... Jedes Kind in der Klasse hatte einen Wunsch, nur ein Schüler meldete sich nicht. Die Lehrerin bemerkte, daß Moritz ganz still und nachdenklich in seiner Bank saß.

Darum sprach sie ihn direkt an: „Moritz, was möchtest denn du einmal werden, wenn du groß bist?"

„Ich möchte ‚möglich' werden", platzte Moritz heraus.

„Möglich? Was bedeutet ‚möglich'?" fragte die Lehrerin.

„Weil meine Mutti immer sagt", erklärte Moritz, „ich sei unmöglich. Wenn ich groß bin, will ich darum ‚möglich' werden."

76. Geschenk

Auf einer abgelegenen Südseeinsel lauschte ein Schüler aufmerksam der Weihnachtserzählung der Lehrerin, die gerade erklärte: „Die Geschenke an Weihnachten sollen uns an die Liebe Gottes erinnern, der seinen Sohn zu uns auf die Erde gesandt hat, um uns zu erlösen, denn der Gottessohn ist das größte Geschenk für die ganze Menschheit. Aber mit den Geschenken zeigen die Menschen sich auch untereinander, daß sie sich lieben und in Frieden miteinander leben wollen."

Am Tage vor Weihnachten schenkte der Junge seiner Lehrerin eine Muschel von ausgesuchter Schönheit. Nie zuvor hatte sie etwas Schöneres gesehen, das vom Meer angespült worden war.

„Wo hast du denn diese wunderschöne und kostbare Muschel gefunden?" fragte sie ihren Schüler.

Der Junge erklärte, daß es nur eine einzige Stelle auf der anderen Seite der Insel gäbe, an der man gelegentlich eine solche Muschel finden könne. Etwa zwanzig Kilometer entfernt sei eine kleine versteckte Bucht, dort würden manchmal Muscheln dieser Art angespült.

„Sie ist einfach zauberhaft", sagte die Lehrerin. „Ich werde sie mein Leben lang bewahren und dich darum nie vergessen können. Aber du solltest nicht so weit laufen, nur um mir ein Geschenk zu machen."

Mit leuchtenden Augen sagte der Junge: „Der lange Weg ist Teil des Geschenks."

77. Im Einklang

Ein Meister wurde sehr verehrt, und Scharen von Schülern und Pilger von überallher suchten seine Nähe. So viel Bewunderung schürte die Eifersucht eines Mächtigen im Land, und er beschloß, sich der Quelle seines Neides zu entledigen, und schickte einen gedungenen Mörder los.

Der Attentäter war sehr verwundert, als er erfuhr, daß der so hochverehrte Meister nicht in einem Palast oder Tempel lebte, sondern eine einfache Hütte draußen in der Natur bevorzugte.

„Um so besser", dachte der Mörder, „dann werde ich auf keinen nennenswerten Widerstand stoßen, und es wird eine Kleinigkeit sein, mein Vorhaben auszuführen."

Er schlich sich an die einsame Hütte heran, doch je näher er kam, desto mehr wandelte sich seine Einstellung zu seinem Vorhaben. Unmutig schüttelte er den Kopf, als wolle er die Plagegeister abschütteln, die ihn auf einmal bedrängten. Da sah er den Meister nur wenige Schritte entfernt ruhig im Schatten meditieren. Die Gelegenheit war günstig: Der Mörder hob die Hand, die den Dolch umklammerte, doch statt zuzustechen, ließ er den Dolch seiner Hand entgleiten.

„Ich kann dir nichts antun", sagte er zum Meister. „Doch sag mir, welche Macht dich schützt und mich zwingt, mein Vorhaben aufzugeben."

„Meine Übereinstimmung mit dem Universum, meine Harmonie mit dem Unendlichen. Du kannst auch sagen, mein Einsein mit Gott."

Vor dieser Macht beugte der Attentäter seine Knie und bat, als Schüler aufgenommen zu werden.

IV. Dunkelheit kann das Licht nicht löschen

78. Pflichterfüllung

Der König eines großen Reiches liebte das Wohlleben mehr als die Mühsal des Regierens. Viel lieber als den Botschaftern und Politikern lauschte er den Melodien seiner Hofmusiker, den Lobeshymnen seiner Hofdichter und dem Lachen seiner Hofdamen. Die Verwaltung seines Reiches überließ er seinem Ersten Minister.

Zum Glück war dieser das genaue Gegenteil seines Herrn: Er war ein verantwortungsbewußter Diener seines Volkes, er liebte die Gerechtigkeit und wachte Tag und Nacht über das Wohl seines Landes. Alle Ämter hatte er mit geschickten und ehrlichen Leuten besetzt, und wer eines Vergehens oder einer Ungerechtigkeit überführt worden war, der wurde ungeachtet seiner Stellung im Staate nach dem Wortlaut des Gesetzes bestraft.

Die Schmeichler des Königs sahen darin eine nicht geringe Einschränkung ihrer Interessen, und sie neideten dem Ersten Minister seine Macht und sein Ansehen. Sie fingen an, Gerüchte gegen ihn in Umlauf zu setzen, spannen

Intrigen, damit er sich in ihren Stricken verfange, und sie verleumdeten ihn beim König. Beharrlich setzten sie dem schwachen König solange zu, bis er ihren Anschuldigungen glaubte und seinen treuen Minister vom Hofe verbannte.

Der verstoßene und gedemütigte Minister sah wohl ein, daß jeglicher Verteidigungen seiner Unschuld und allen seinen Rechtfertigungen kein Gehör geschenkt werden würde, und darum nahm er mit Gelassenheit seine Verbannung an. Er schrieb nur einen Brief an den König, den er durch einen Vertrauten überbringen ließ. Er ließ den König wissen, daß er sich immer bemüht habe, den hohen Pflichten gegenüber seinem König und seinem Land gerecht zu werden, und daß er sich in all den Jahren nichts habe zuschulden kommen lassen. Darum erbitte er für seine Dienste keine andere Belohnung, als daß der König, sein Herr, ihm einige verwilderte Ländereien schenken möge. Da er sonst nichts besitze, wolle er sie zum Erwerb seines Lebensunterhaltes urbar machen.

Eine solche Kleinigkeit wollte ihm der König nicht abschlagen, denn schon hatte er angefangen, die Fähigkeiten seines Ministers zu vermissen. Er schickte Reiter aus, die im ganzen Lande nach einem verwüsteten oder verwilderten Landstrich suchten. Doch ein jeder Kundschafter meldete bei seiner Rückkehr, er habe keinen solchen Ort finden können. Vielmehr gleiche das ganze Reich einem großen Garten. Alle Gegenden seien fruchtbar. Überall würden Ackerbau und Handel betrieben, die Märkte seien reich bestückt und die Einwohner lebten in Wohlstand. Nirgends seien Öden, noch Elend und Armut zu finden.

Der König, dem diese Nachrichten von Leuten überbracht wurden, die nicht verstanden, wie sehr solcher Wohlstand des Landes die Unschuld des Verbannten beweise, ließ seinem ehemaligen Minister ausrichten, er wolle ihm für seine Verdienste die schönsten Ländereien schenken, die er sich wünsche.

Nachdenklich wurde der König, als er die Antwort des Verbannten in Händen hielt: „Ich begehre in Wahrheit keine Ländereien, vielmehr sprach ich den Wunsch aus, damit du durch neutrale Beobachter vom Zustand deines Reiches erfahren solltest, als untrüglichen Beweis dafür, daß ich dir treu gedient habe. Dir diese Gewißheit vermittelt zu haben, war mein größter Wunsch und meine Hoffnungen sind erfüllt, wenn mein Nachfolger im gleichen Sinne handelt."

Diese Nachricht öffnete dem König die Augen. Zerknirscht bat er den Verstoßenen um Verzeihung und drängte ihn sehr, um des Reiches willen, seine früheren Aufgaben wieder zu übernehmen. Er setzte den Minister in alle seine früheren Würden ein und ließ die Verleumder bestrafen. Sich selbst nahm er fest vor, seinen Damen und seinen Künstlern die Sorge um sein Wohlergehen, seinem Minister aber die unumschränkte Regierung seines Reiches zu überlassen. Man sagt, daß er sich zeitlebens an diese Regel gehalten habe.

79. Inbrunst

Eine junge Frau war auf dem Weg zu ihrem Geliebten. In ihrer Freude auf das bevorstehende Wiedersehen mit ihrem Freund sah sie den betenden Mullah nicht, als sie vor ihm vorüberging, was nach dem Gesetz des Islam verboten ist. Den Mullah ärgerte dieser Frevel sehr, und er beschloß, die Frau bei ihrer Rückkehr zur Rede zu stellen.

Als er sie erblickte, stellte er sich in ihren Weg und begann, ihr heftige Vorwürfe zu machen: „Wie konntest du es wagen, eine solch große Sünde zu begehen, indem du vor mir hergingst, während ich betete?"

Verwirrt ob dieser Schimpftiraden fragte die Frau den zornigen Mullah: „Was ist das: Beten?"

Das machte den Mullah sprachlos. Er hielt inne mit seinen Vorhaltungen, und sein Zorn verflog. „Du weißt nicht, was Beten ist? Dann will ich es dir erklären. Während ich bete, denke ich an Gott, den Herrn des Himmels und der Erde. Ich öffne ihm meinen Geist und mein Herz, und mein Inneres spricht zu ihm."

„Es tut mir sehr leid, wenn ich aus Unwissenheit einen Fehler gemacht habe. Aber ich weiß kaum etwas von Gott und vom Beten. Niemand hat mich darüber belehrt. Ich war auf dem Weg zu meinem Geliebten und ganz von Sehnsucht erfüllt. Ich sah nicht, daß Sie beteten. Aber wie konnte es sein, daß Sie mich bemerkten, wo doch Ihr Geist und Ihr Herz auf Gott gerichtet war?"

Tief beschämt bat der Mullah um Verzeihung für sein Verhalten und sagte: „Ich bin es, der von dir lernen kann."

80. ... und auf Erden

Einst kam zum Meister einer, der ihn herausfordern wollte und fragte: „Wenn Gott oben im Himmel ist, warum beugt ihr euch beim Beten immer zur Erde? Das gibt doch keinen Sinn."

Der Meister sah den Herausforderer nur milde lächelnd an und sagte: „Ja, Gott ist im Himmel. Aber wo sind seine Füße? – Auf der Erde. Wenn du dich zur Erde beugst, berührst du seine Füße."

81. Angebot

Die Inhaberin einer professionellen Heiratsvermittlung redete auf den schüchternen und nicht besonders attraktiven jungen Akademiker ein: „Hören Sie, diese junge Dame ist wirklich hübsch und intelligent, genau die Richtige für Sie."

„Sie gefällt mir aber nicht", murmelte der junge Mann.

„Nun, wenn Sie auf äußere Schönheit nichts geben, so empfehle ich Ihnen diese junge Dame: Sie ist zwar nicht außergewöhnlich hübsch, doch häßlich ist sie gewiß nicht – und sie besitzt einiges an Barvermögen."

„Das ist für mich kein Kriterium."

„Na, das reicht Ihnen nicht? Schön – hier ist eine Kandidatin, die neben einem beträchtlichen Kontostand auch ein eigenes Haus und natürlich ihr eigenes Fahrzeug besitzt, außerdem eine Ferienwohnung in der Toscana."

„Ich bitte Sie, verschonen Sie mich. Geld spielt für mich wirklich keine Rolle!"

„Ach jetzt habe ich Sie verstanden: Sie suchen eine Tochter aus gutem Hause. Auch da kann ich Ihnen gerne behilflich sein. Diese junge Dame stammt aus einer alten Arztfamilie; seit Generationen alles Mediziner, einige Juristen darunter. Das ist die Richtige für Sie und hübsch ist sie auch", strahlte die Heiratsvermittlerin.

„Hören Sie, ich will von all den Dingen nichts wissen. Wenn ich heirate, werde ich nur aus Liebe heiraten!"

„Nur nicht gleich verzweifeln, junger Mann. Auch dafür kann ich Ihnen ein attraktives Angebot machen!"

82. Frustkauf

Eine Frau hatte seit drei Tagen schlechte Laune, ohne daß sie mit Bestimmtheit hätte sagen können, was die Ursache ihrer gedrückten Stimmung sei. So kam sie auf den Gedanken, sie müsse sich etwas Gutes tun, damit wieder etwas Sonne in ihren Alltag käme. Diese Idee schien ihr wie ein Lasso, mit dem sie die Freude würde einfangen können.

Sie beschloß, einen Schaufensterbummel zu machen und fuhr in die Stadt. Sie bemerkte, wie die Vorfreude auf ein schönes Geschenk, das sie sich selber machen werde, ihre Stimmung hob. Da sah sie auch im gleichen Augenblick ein Paar hübscher Schuhe im Fenster stehen, solche, die sie sich schon immer gewünscht hatte.

Sie betrat das Schuhgeschäft und wurde gleich von einer freundlichen Verkäuferin nach der Art der gewünschten Schuhe, nach der Größe und nach der Schuhfarbe gefragt. Rasch waren mehrere Paare vom Lager geholt, und die Kundin probierte das eine und das andere Paar. Doch irgendwie gefielen ihr die Schuhe nicht recht, sie waren zu eng oder zu groß, und die Verkäuferin holte weitere Modelle. Leider war die Kundin auch mit dieser Auswahl nicht ganz zufrieden, denn ihr waren die Absätze vielleicht doch zu hoch oder die Schuhe zu teuer.

Mehr als zehn Paar Schuhe standen um die Kundin herum, und die Verkäuferin übte sich in großer Geduld. Enttäuscht und etwas bedrückt schaute die Kundin die Schuhe an. Längst war der Anflug gehobener Stimmung wieder verschwunden. Unsicher geworden probierte sie doch noch ein Modell – und welche Freude – die Schuhe saßen bequem.

Die Kundin ging ein paar Schritte auf und ab und fand die Schuhe wie für sie gemacht. Ihr Entschluß stand fest: Die nehme ich oder keine.

„Was kosten diese Schuhe?" fragte sie die Verkäuferin.

„O, diese Schuhe kosten nichts", erhielt sie zur Antwort.

„Ach das kann doch nicht sein. Solche Werbegeschenke gibt es doch gar nicht. Wollen Sie mich etwa auf den Arm nehmen?"

„Nein, durchaus nicht. Diese Schuhe kosten wirklich nichts. Denn es sind Ihre eigenen Schuhe, die sie schon trugen, als sie das Geschäft betraten."

83. Gute Freunde

Ein Mann war durch seinen Handel zu großem Reichtum gekommen. Er hatte die Jahre seines Elends aber nicht vergessen, und so unterstützte er die Armen und half, wo er nur konnte. Viele waren stolz darauf, von ihm Beistand zu erhalten und in ihrer Umgebung brüsteten sie sich damit, seine Freunde zu sein.

Dann geschah es aber, daß der Reiche in einem Sturm seine zwei besten Schiffe mit all seinen wertvollen Gütern verlor und nun selbst wieder arm war. Überall sprach man von seinem verlorenen Glück, und die Freunde aus seiner Glanzzeit verließen ihn, da bei ihm nichts mehr zu holen war. Ja, jetzt leugneten sie sogar, jemals mit ihm befreundet gewesen zu sein.

Doch das Schicksal ist dem Tüchtigen hold, und bald änderten sich seine Geschicke wieder. Er gewann einen großen Prozeß gegen den Staat, und er erhielt eine so große Entschädigung, daß seine Kassen besser gefüllt waren als vorher.

An einem Feiertage stand der Reiche am Fenster und sah eine Schar seiner alten Freunde näherkommen, die ihn nach langer Zeit besuchen wollten.

„Schnell, stellt die große Geldtruhe auf den Tisch!" rief er seinen Dienern zu.

„Was soll denn das bedeuten?" fragten die Freunde, als sie die Geldtruhe so unübersehbar präsentiert sahen.

„Das hat zu bedeuten", entgegnete der Reiche, „daß ihr nicht zu mir, sondern um mein Geld zu besuchen gekommen seid."

84. Trost

Ein König hatte einen Sohn, den er zärtlich liebte. Eine schwere Krankheit befiel seinen Liebling, und alle Ärzte des Reiches konnten ihn nicht gesund machen. Hilflos mußte der König ansehen, wie sein Sohn starb, und dann überließ er sich seinem grenzenlosen Schmerz. Vergebens bemühten sich seine Vertrauten, ihn zu trösten. Doch völlig teilnahmslos verweilte der König in seinem Gemach und war seit Wochen für niemanden mehr zugänglich.

Weit außerhalb der Residenz lebte ein Einsiedler, der wegen seiner Weisheit im ganzen Land gerühmt wurde und mit dem der König manchen gelehrten Disput ausgetragen hatte. Man ließ ihm den Zustand des Königs berichten und bat ihn um seine Hilfe. Der Weise fand den König in seinem Zimmer, und er tat so, als würde er den Grund des Kummers nicht kennen. So fragte er den König ganz unbefangen nach der Ursache seiner großen Traurigkeit.

„Der Sturm des Schicksals hat die schönste Blume meines Lebens zerstört", seufzte der König, „und nun bleibt mir nichts mehr, als meinen armen Sohn, den ich mehr liebte als mich selbst, bis ans Ende meiner Tage zu beweinen."

„Dein Schmerz ist berechtigt", entgegnete der Weise, „doch wird er es nicht länger sein, wenn er Herr über dich wird, da du ihm keine Grenzen zu setzen weißt. Willst du mir erlauben, dir einige Fragen zu stellen?"

Langsam nickte der König mit dem Kopf, und der Weise fragte ihn: „Kannst du erwarten, mein König, daß dein Sohn so hoch über allen Geschöpfen stehen solle, daß er auf Erden unsterblich wäre?"

„Wie hätte ich das verlangen können", flüsterte der König, „da ich doch weiß, daß der Engel des Todes keinen Sproß der Erde verschont. Aber starb mein Sohn nicht viel zu früh? Er war doch fast noch ein Kind. Ich beweine, daß er die Freuden der Jugend nicht genießen durfte, daß es ihm verwehrt war, zu einem aufrechten Manne zu reifen, daß ihm das Glück der Liebe und der eigenen Familie und auch der Lohn des Alters versagt blieb."

„Stelle dir vor, dein Sohn habe alle vier Stufen des menschlichen Alters durchlebt, und nimm weiter an, daß ihm sogar das höchste Glück zuteil geworden wäre, das Menschen auf Erden sich wünschen können, daß nämlich keine Sorgen und kein Kummer seine heiteren Tage getrübt hätten, und er lebensfroh bis ins höchste Alter dann einen leichten Tod gefunden hätte – ist für ihn, am Ende eines solch glücklichen Lebens in der Stunde seines Todes, das Leben denn mehr als ein vergänglicher Traum, den das Erwachen verscheucht? Begleiten ihn denn sein Ansehen, seine Reichtümer, seine Freuden in die Nacht des Todes?"

„Nein, mein Freund", seufzte der König.

„Wenn du das erkennst, mein König, warum bist du verzweifelt über den Verlust eines Lebens, das kurz oder lang, glücklich oder unglücklich, doch unabänderlich einmal enden muß? Erinnere dich an die Verse des Dichters, der sagt: ‚Verlängere deine Tage, wenn du es vermagst, bis jenseits der Grenzen der Natur; koste den letzten Tropfen des Vergnügens; sei Sieger und laß das ganze Erdenrund widerhallen von deinen Taten: Der Faden des Lebens hängt doch am Faden des Todes!'"

Der König vernahm die Worte wohl, und je länger er über ihre Botschaft nachdachte, je mehr milderte sich sein großer Schmerz.

85. Eine Frage der Ehre

Die feindlichen Heere waren in das Land eingefallen, hatten die Hauptstadt eingenommen und die Familie des Herrschers ausgelöscht. Nur der Thronfolger war dem Massaker entkommen, denn er weilte zur Zeit des Überfalles in einer anderen Stadt.

Er wußte nichts Genaues über das Schicksal seiner Familie. Als er draußen einen ungewöhnlichen Lärm vernahm, trat er ans Fenster und sah mit Entsetzen die feindlichen Soldaten mit ihren schwarzen Fahnen in die Stadt einmarschieren. Um sich zu retten, blieb ihm nichts anderes übrig, als sein Haus sofort zu verlassen und zu versuchen, unerkannt zu entkommen. In aller Eile vertauschte er seine Kleidung mit der Kleidung eines Dieners und rannte mit größter Bestürzung in das prächtige Haus eines Mannes, von dem ihm zu spät einfiel, daß er ein Feind seiner Familie war. Ohne sich zu erkennen zu geben, bat er um einen Unterschlupf, der ihm auch ohne Fragen gewährt wurde.

Der Besitzer des Hauses erkannte den Prinzen in seiner Kleidung nicht. Er nahm den Fremden, von dem er keine weiteren Erklärungen für seine Flucht verlangte, freundlich auf und führte ihn zu einer verborgenen Kammer. Dem Prinzen fehlte es an keiner Bequemlichkeit. Jeden Morgen sah er, wie der Hausherr in Begleitung einiger schwerbewaffneter Männer ausritt. Um dem Hausherrn seine Freundlichkeit zu vergelten, sagte er eines Tages zu ihm, so wie er ihm mit den Worten „Mein Haus ist dein Haus" die Gastfreundschaft angeboten habe, so möchte er ihm versichern, „daß deine Feinde auch meine Feinde sind". Es sei ihm eine Verpflichtung, seine Rache auf sich zu nehmen, wenn er ihm nur sagen wolle, wer der Mann sei, den zu suchen er an jedem Tag ausreite.

„Ich suche den Prinzen", sagte der Hausherr. „Ich habe dem Mörder meines Vaters ewige Rache geschworen. Und da nun seine Familie ausgelöscht wurde, hält mich keine Staatsräson davon ab, meine Rache auch auszuführen. Denn der Prinz war nicht unter den Toten im Palast. Ich werde ihm das Böse, das er mir angetan hat, doppelt vergelten."

Voller Bestürzung konnte der Prinz es nicht fassen, daß das Schicksal ihn geradewegs in die Hände des Mannes geführt hatte, der nichts sehnlicher wünschte als seinen Tod. Nachdem er sich vom ersten Schrecken erholt hatte und den fragenden Ausdruck im Gesicht seines Gastgebers bemerkte, gab er sich ihm zu erkennen.

„Ich bin es, den du suchst. Ich bedauere und es tut mir leid, daß ich unter unglücklichen Umständen deinen Vater im Kampf getötet habe. Deiner Rache will ich mich nicht entziehen, denn deine großherzige Gastfreundschaft macht mir die Aufrichtigkeit zur Pflicht."

„Davor bewahre mich der Himmel, daß mich mein Haß auf dich blind mache und ich deine Aufrichtigkeit mißbrauche. Ich weiß, was mir das Gesetz der Rache befiehlt, wenn ich dich außerhalb meines Hauses antreffe. Aber ich habe dennoch nicht vergessen, was die Pflichten der Gastfreundschaft mir gebieten."

Er wandte sich ab, und der Prinz hat ihn nicht wieder gesehen. Durch seine Leute ließ der Hausherr den Prinzen vor die Tore der Stadt bringen. Sie händigten ihm einen Beutel mit Geld aus und gaben ihm ein tüchtiges Pferd, mit dem er sicher entfliehen konnte, erfüllt mit Dankbarkeit, Bewunderung und Scham.

86. Süße Verführung

Der Meister kam in den Laden eines Zuckerbäckers. Der beeilte sich, seinen Gast gleich zu bedienen und stellte eine Schale mit goldgelbem Honig vor ihn hin. Doch bevor der Meister auch nur ein Löffelchen der Köstlichkeit zum Munde geführte hatte, stürzte ein Schwarm Fliegen über die Honigschale her.

Der Zuckerbäcker ergriff gleich den Fliegenwedel, um die lästigen Nascher zu verjagen. Die Fliegen, die sich auf den Rand der Schale gesetzt hatten, flogen behende fort und retteten sich. Doch die meisten Fliegen, die ihre Begierde in die Mitte der Schale gelockt hatte, klebten am Honig und wurden ein Opfer ihrer Gier.

Der Meister beobachtete nachdenklich das Drama und nach einer Weile sagte er seufzend: „Die Schale gleicht der Erde. Die Fliegen sind die Menschen. Die am Rande geblieben sind, gleichen den Weisen, die ihre Lüste beherrschen und sich damit begnügen, sie in den Grenzen der Selbstbeschränkung zu genießen. Die in die Mitte des Honigs geflogen sind, entsprechen den Unbesonnenen, die ihre Leidenschaften nicht beherrschen und ohne nachzudenken ihrem Vergnügen hinterhereilen.

Wenn der Todesengel in raschem Flug unverhofft über die Erde rauscht, werden die Weisen, die nur am Rande des Gefäßes dieses Lebens verweilen, sich mit leichtem Schwung von dieser Erde losreißen und sich zum Himmel emporschwingen können. Die Sklaven des Vergnügens und der Ausschweifung werden tiefer in den Sumpf der Laster hinabsinken und ein Opfer ihrer Gier werden."

87. Zustände

„Die Welt wird schlechter mit jedem Tag. Die Zeitungen und die Nachrichten sind voll vom Bösen, das jeden Tag passiert. Das Gute und Positive wird völlig unbedeutend", klagte einer.

„Wer das Rechte will und sich dafür einsetzt, wird gar nicht mehr ernst genommen. Jeder ist sich selbst der Nächste und setzt sich auf Kosten der Schwächeren durch", stimmte ein anderer zu.

„Das Anspruchsdenken wird immer größer. Alle sehen nur ihren Vorteil und schrecken auch vor Gewalt nicht zurück, um ihn sofort zu erlangen. Wenn ich den Zustand der Gesellschaft betrachte, sehe ich nur noch schwarz", bestätigte der Dritte.

„Ach, was redet ihr für dummes Zeug und gefallt euch in eurer Selbstgerechtigkeit und euerem Pessimismus", mischte sich der Meister ein, der das Lamentieren mitangehört hatte.

„Statt euch über die zunehmende Dunkelheit zu beklagen und die Zukunft der Welt nur schwarz in schwarz zu sehen, solltet ihr besser ein Licht anzünden. Denn ihr müßt begreifen: Das Licht geht immer in die Dunkelheit, und niemals geht die Dunkelheit ins Licht. Denn die tiefste Finsternis vermag das schwächste Licht nicht auszulöschen. Doch das kleinste Licht kann die Dunkelheit ein wenig verdrängen. So ist auch das Kleine und Schwache, wenn es gut ist, mächtiger als das Große und Starke, das schlecht ist. Darum ist das geringste Gute, das man tut, wichtiger als alles Jammern über die Macht des Bösen."

88. Abhängig

Ein Vater grämte sich sehr, weil er mitansehen mußte, wie sein Sohn eine Vorliebe für verschiedene Laster entwickelte. Immer wieder hatte er ihm ins Gewissen geredet und ihn um Einsicht gebeten, doch der junge Mann dachte gar nicht daran, auf sein leichtes Leben zu verzichten.

Als der Vater alt geworden war und er sein Ende nahen fühlte, rief er seinen Sohn zu sich und sagte:

„Nun wirst du dir meine ständigen Ermahnungen und Bitten, von deinen Untugenden abzulassen, bald nicht mehr anhören müssen. Du hast immer das Gegenteil von dem getan, das ich für dich wollte. So bitte ich dich inständig, mir meine letzten Wünsche nicht abzuschlagen und dich meiner letzten Worte immer zu erinnern: Versprich mir darum, wenn du wieder um Geld spielen willst, daß du nur gegen die besten Spieler antrittst. Und wenn du trinken willst, sollst du das nur noch in Gesellschaft der größten Trinker tun. Das sind meine beiden letzten Bitten an dich."

Das waren ganz neue Töne, die er von seinem alten Vater zu hören bekam, und wenn er ihm schon aus Trotz nie hatte nachgeben wollen, so stimmte er den ungewöhnlichen Bitten seines Vaters jetzt doch begeistert zu. Als er bald danach Lust auf ein Spielchen verspürte, fragte er in der Stadt herum, wo denn die größten Spieler zu finden seien.

Er ging von Spieltisch zu Spieltisch, und nachdem er alle Spielhäuser der Stadt nach den größten Spielern durchforscht hatte, war er nach Meinung aller Spieler sicher, daß er die wirklich größten Spieler nur vor den Toren der Stadt finden könne.

Als er sie endlich gefunden hatte, war er doch sehr verwundert. Da saßen keine dicken, Zigarre rauchenden Männer an schön geschnitzten Spieltischen und gaben mit brillantberingten Fingern Karten aus, nein, da saßen ein paar zerlumpte Kerle, die mit Kieselsteinen spielten.

„Man hat mir gesagt, daß ihr die größten Spieler seid. Ich hatte erwartet, daß ihr um Millionen spielt und nicht um Kieselsteine. Das habe ich zuletzt als kleines Kind getan."

„Natürlich haben wir um Millionen gespielt", sagten die elenden Männer. „Da wir die größten Spieler sind, haben wir alles gewonnen und alles verloren. Uns ist nichts geblieben, als um ein paar Kieselsteine zu spielen."

Enttäuscht sagte der junge Mann: „Das habe ich mir alles ganz anders vorgestellt. Das ist nichts für mich, so will ich nicht spielen. Dann will ich lieber sehen, daß ich die bedeutendsten Trinker finde."

„Da brauchst du nicht lange suchen. Du findest sie nicht weit von hier in ihrer Hütte", wiesen ihm die Spieler den Weg.

Der junge Mann wollte ihnen nicht glauben. So fragte er in jeder Schenke der Stadt nach den bedeutendsten Trinkern, und nachdem er von Theke zu Theke gezogen war, kam er endlich zu den Trinkern in ihrer heruntergekommenen Behausung. Ziemlich entsetzt über die jämmerlichen Zustände, in der die Hütte samt ihrer Bewohner sich befanden sagte er: „Alle Wirte in der Stadt behaupten, daß hier die größten Trinker hausen. Aber ich rieche keinen Alkohol und sehe keine einzige Flasche. Was trinkt ihr denn, wenn ihr die tollsten Trinker seid?"

„Alles Geld, das wir hatten, haben wir versoffen", antworteten die Trinker. „Und alles, was wir zu Geld machen konnten, haben wir auch vertrunken. Wir haben schon lange keinen Pfennig mehr gesehen. Uns sind nur ein paar Schlangen geblieben. Wenn wir uns berauschen wollen, lassen wir uns von den Schlangen beißen. Ihr mildes Gift bewirkt eine gewisse Trunkenheit. Für ein bißchen Geld, besorgen wir dir eine Schlange. Du brauchst es nur zu sagen."

Aber der junge Mann war längst fortgelaufen. Da ihm Worte nichts nutzten, hatte ihn das Leben belehrt.

89. Dankbarkeit

Der Herrscher ließ zehn der anmutigsten Sklaven auswählen und zu sich bringen. Einen von ihnen wollte er als seinen persönlichen Diener auswählen. Der König war aus Erfahrung klug und wußte, daß der bloße Augenschein und seine Menschenkenntnis nicht ausreichten, um einem Sklaven sein leibliches Wohl anzuvertrauen. Darum wollte er sie prüfen. Er gab jedem Sklaven ein kostbares Weinglas in die Hand und befahl ihnen, es fallenzulassen. Sie alle gehorchten seinem Befehl. Dann ging der König zu jedem einzelnen und fragte: „Warum hast du das getan?"

Neun Sklaven antworteten: „Weil du den Befehl dazu gegeben hast!" Zwar waren sie alle über den Befehl ebenso wie über die Frage verwundert, aber einen anderen Grund als den königlichen Befehl gab es ja nicht.

Als der König den zehnten und letzten Sklaven nach seinem Grund fragte, antwortete dieser: „Verzeiht, Herr, es tut mir leid." Ihm war klar, daß der König wußte, daß sie alle seinen Befehl befolgt hatten, da würde er ihm nichts Neues mitteilen. Und da er wirklich bedauerte, das schöne Glas zerstört zu haben, gab er seinem Empfinden Ausdruck.

Der König war von der Feinfühligkeit des Sklaven sehr angetan und fragte ihn nach seinem Namen.

„Man nennt mich Ayaz."

„Gut, Ayaz, von heute an sollst du mein persönlicher Diener sein", sagte der Herrscher.

Von Tag zu Tag freute sich der König mehr über seine Wahl, und es dauerte nicht lange, da war sein Vertrauen in Ayaz so gewachsen, daß er ihm die Schlüssel zur Schatzkammer übergab und ihm die oberste Aufsicht über die Kronjuwelen anvertraute.

Der rasche Aufstieg vom Sklaven zum Schatzmeister machte zahlreiche Minister und Höflinge neidisch, und sie mißgönnten ihm seine Karriere sehr. So blieb es nicht aus, daß bald allerlei Gerüchte über Ayaz im Umlauf waren, die ihm die Gunst des Herrschers entziehen sollten. Besonders bösartig war die Behauptung, daß Ayaz jeden Tag in die Schatzkammer ginge, um nach und nach die Juwelen von dort zu stehlen. Diese dreiste Beschuldigung hinterbrachte man dem König und verlangte, daß er Ayaz für diesen Frevel töten solle. Doch der König stellte sich vor seinen Schützling und sagte: „Solange mir niemand einen Beweis für diese Unterstellung bringen kann, glaube ich kein einziges Wort. Wer es aber nicht beweisen kann, der schweige still."

Der Zweite Minister, der Anführer der Verschwörung, behauptete, den unwiderlegbaren Beweis für seine Beschuldigung liefern zu können. „Jeder, der mir nicht glauben mag, kann sich von den Tatsachen selbst überzeugen. Wenn Ayaz die Schatzkammer betritt, brauchen wir ihn nur durch dieses geheime Guckloch zu beobachten, und dann kann der Herrscher mit eigenen Augen feststellen, wie sein Günstling ihm seine Großherzigkeit lohnt."

Der Herrscher konnte sich diesem Vorschlag nicht entziehen, und so versammelten sich der König und die Verleumder am nächsten Tag zur besagten Stunde bei dem geheimen Guckloch. Wie gewohnt betrat Ayaz die Schatzkammer und öffnete die goldenen Tore des inneren Schreins, in dem die Kronjuwelen bewahrt wurden. Ayaz griff hinein, und die Beobachter hielten den Atem an. Doch trauten sie ihren Augen nicht, als Ayaz ein Bündel alter Sklavenkleider in der Hand hielt.

Noch größer wurde ihre Verwunderung über das, was sie nun mitansehen konnten. Ayaz drückte sein Gesicht in die alten Kleider, legte sie auf den Tisch, auf welchem in goldenen Schalen duftender Weihrauch brannte. Bedächtig, wie in einer heiligen Handlung, zog Ayaz seine Sklavenkleider an. Dann trat er vor einen kristallenen Spiegel, betrachtete sich darin, legte die Hände wie zum Gebet aneinander, neigte leicht den Kopf und sprach zu der Spiegelgestalt: „Höre und sieh, o Ayaz, wer du früher gewesen bist. Das Vertrauen des Königs in deine Person hat dich zu dem gemacht, der du heute bist. Betrachte darum deine Aufgabe nicht nur als eine heilige Pflicht, sondern auch als einen Dank und eine Gegengabe für die Beweise der Liebe und Güte des Königs. Denn vergiß nie, daß du nicht dem hohen Ansehen deine Stellung verdankst, denn du warst ein Gefangener, als dich die Großherzigkeit des Königs in diesen Rang erhob und dir neue Würde verlieh. Die Erinnerung an deine Gefangenschaft verleiht dir die Kraft, seine Güte nicht zu vergessen und dir das Glück deines Lebens nicht selbst anzumaßen."

Nach diesen Worten zog Ayaz die Sklavenkleider wieder aus, legte sie in den Schrein und verschloß ihn sorgfältig. Dann verließ er auch die Schatzkammer, und als er sich umdrehte sah er den König, der sich vor ihm verneigte.

Der König umarmte Ayaz, und tief bewegt sagte er: „Ein Verbrecher zu sein, der die Schätze des Reiches stiehlt, haben dich diese hier beschuldigt. Doch statt daß du unsere Edelsteine genommen hast, hast du uns etwas viel Wertvolleres gegeben: daß wir niemals vergessen sollen, aus welcher Ohnmacht uns der wahre Herrscher erhoben hat und uns ins Leben führte, in sein Licht und in seine Freude.

Dennoch wage ich, dich Ayaz, einen Dieb zu nennen, denn heute hast du mir mein Herz gestohlen."

90. Fürsorge

Es war einmal ein blinder Bettler. Der saß an einer belebten Straßenkreuzung und spielte Flöte. Wer ihn sah, den rührte die Melodie und das Schicksal des Blinden, und aus Mitleid gab er ihm ein Almosen. Da der Bettler aber sparsam lebte, konnte er seine Kinder ernähren und kam mit den Jahren dennoch zu einem beträchtlichen Vermögen.

Als der Bettler alt geworden war und seine letzte Stunde nahen fühlte, versammelte er seine Kinder um sich. Sie waren alle gesund und wohlgeraten, nur ein Sohn war blind geboren. Der alte Mann verteilte sein erbetteltes Vermögen unter seine Kinder, nur der blinde Sohn ging leer aus.

„Warum hast du dem Blinden keinen Anteil gegeben? Er ist doch viel bedürftiger als alle anderen deiner Kinder", fragte man den Alten.

„Der Blinde ist kein verlorener Mann", sagte der Bettler. „Er kann schöner auf der Flöte spielen als ich es je konnte. Er wird meinen Beruf ausüben, und die Leute werden sich seiner erbarmen. Mit der Zeit wird er es zu ausreichendem Wohlstand bringen. Anders die gesunden Kinder: Wer wird sich ihrer annehmen?"

91. Wachsein

Ein Schüler, der schon seit Jahren studierte und die geistigen Übungen einhielt, sagte zum Meister, daß er seine Zweifel habe, jemals zur Erleuchtung zu gelangen.

„Mit der Erleuchtung ist es wie mit dem Sonnenaufgang", sagte der Meister. „Du sitzt in finsterer Nacht und kannst nichts anderes tun, als zu warten, daß die Sonne aufgeht. Dem einen scheint die Nacht kürzer, dem anderen länger zu sein. Doch die Sonne kommt bestimmt."

„Wozu sollen dann all die Studien und Übungen gut sein, wenn die Sonne doch auf jeden Fall aufgeht?" fragte der irritierte Schüler.

„Die sind dir nur empfohlen, daß du vorbereitet bist und nicht gerade schläfst, wenn für dich die Sonne aufgeht."

92. Urteil

Zwei Schüler gerieten in Streit und konnten sich nicht einigen. Ein Freund riet ihnen, ihre Sache dem Meister vorzutragen und sich seinem Urteil zu beugen.

Vor dem Meister erklärte der eine Schüler seinen Standpunkt, begründet seine Meinung und bat um eine Entscheidung zu seinen Gunsten.

„Du hast recht", sagt der Meister.

Aber auch der andere Schüler war nicht auf den Mund gefallen und erklärt seine Ansicht ebenso klar und unmißverständlich und begründete, daß die Entscheidung des Meisters zu seinen Gunsten ausfallen müsse.

„Du hast recht", urteilte der Meister.

Da meldete sich der Freund der beiden Kontrahenten, die sich ganz verwirrt anschauten, lautstark zu Wort und rief: „Aber das ist doch unmöglich: Wenn der eine recht hat, kann doch der andere nicht auch recht haben."

„Da hast auch du recht", sagte der Meister.

93. Äußerlich

Der Meister trug ein einfaches und immer blütenreines Gewand. Doch es war im Laufe der Zeit vom vielen Waschen doch recht fadenscheinig geworden. Einmal war der Meister zu einer großen Feierlichkeit eingeladen, zu der die Würdenträger in edelsten Garderoben erschienen.

Ein Freund sprach ihn auf den Zustand seiner Kleidung an und meinte: „Ich weiß zwar, daß du auf die Meinung der Welt wenig Wert legst, aber die Welt, in der auch du lebst, ist nun einmal so, daß sie Äußerlichkeiten, wie zum Beispiel Kleidung, hoch bewertet und den Menschen danach einschätzt, was er trägt."

Darauf sagte der Meister lächelnd: „Mein Freund, ich will die Achtung, die ich mir erwerbe, nicht meinem Schneider verdanken."

94. Überwinden

Zum Meister kam ein unentschlossener junger Mann. Er war sich nicht im klaren darüber, ob er der Welt entsagen sollte, um Erleuchtung zu finden, oder ob er in seinem Lebensumfeld verharren sollte, obwohl er eigentlich gerne sein Schüler werden wollte.

„Wenn du Erleuchtung erlangen willst, dann mache ein Strich unter dein bisheriges Leben", verlangte der Meister.

„Das kann ich nicht", sagte der junge Mann. „Ich will es Schritt für Schritt tun."

„Zwischen deinem Leben, so wie du es bisher gelebt hast, indem du deinen Neigungen gefolgt bist und deine leiblichen Bedürfnisse bedient hast, und dem geistigen Leben, das dir Erleuchtung schenken wird, liegt eine tiefe Schlucht. Und keine Brücke führt zur anderen Seite. Man kann einen Abgrund nicht mit kleinen Hüpfern überwinden, sondern nur mit einem einzigen Sprung."

95. Entlastet

Über schwankende Planken trugen Männer vor Anstrengung keuchend schwere Getreidesäcke an Land, um das Boot zu entladen. Erbarmungslos brannte die Sonne herab.

Einem der Arbeiter war der Traggurt gerissen, und statt ihn zu flicken, saß er müßig im Schatten. Der Aufseher kam zu ihm und herrschte ihn an: „Los, auf die Beine mit dir. Was sitzt du da so faul herum? Ich werde dir deinen Lohn kürzen!"

„Mag sein", sagte der Arbeiter, „daß ich ein paar Mark verlieren werde, aber dafür ist mir eine Zentnerlast von Rücken gefallen."

96. Therapie

Als Angela im Krankenhaus lag, weil ihr der Blinddarm entfernt werden mußte, wurde zwei Tage später eine junge Patientin zu ihr ins Zimmer gelegt, der bei einem schweren Verkehrsunfall beide Beine gebrochen worden waren. Melanie war überzeugt davon, daß sie nie wieder würde laufen können.

Melanie war unglücklich, unwillig und launisch. Kaum ein freundliches Wort war von ihr zu hören. Sie weinte oder schlief den ganzen Tag. Nur morgens, wenn die Post kam, schien sie ihrer Umwelt etwas freundlicher gesonnen zu sein. Meistens bekam sie Bücher und CDs, Spiele und Stofftiere und andere Geschenke, die ein junges Mädchen im Alter von zwölf Jahren aufheitern können. Doch Melanie war und blieb unglücklich.

Eines Tages erhielt sie ein größeres Päckchen von ihrer Tante, die weit entfernt wohnte. Als Melanie das Paket geöffnet hatte, fand sie ein wunderschönes Paar roter Schuhe mit kleinen Absätzen. Die Krankenschwester murmelte etwas von „Leute, die überhaupt kein Feingefühl hätten" und räumte die Verpackungen weg. Doch Melanie schien sie nicht gehört zu haben. Sie steckte die Hände in die Schuhe und ging mit ihnen auf der Bettdecke spazieren.

An diesem Tage änderte sie ihr Verhalten. Sie nahm die Anweisungen der Krankenschwestern bereitwillig an, und bald schon konnte die Therapie intensiviert werden.

Eines Tages sah Angela ihre ehemalige Zimmernachbarin, wie sie lachend mit einer Freundin in die Eisdiele ging; an den Füßen trug sie rote Schuhe mit kleinen Absätzen.

97. Das Floß

Gautama Buddha erzählte das Gleichnis von dem Mann, der den Gefahren und Schrecken seines Landes entrinnen wollte und der auf seiner Flucht plötzlich an das Ufer eines mächtigen Flusses gelangte. Er wußte, daß am jenseitigen Ufer das Land des Friedens und der Freude begann. Es war das Ziel seiner Sehnsucht, dorthin zu gelangen. Doch keine Brücke führte auf die andere Seite, und kein Fährmann war da, um ihn hinüberzurudern.

So kam der Mann auf den Gedanken, sich aus jungen Baumstämmen und Schilfgras ein Floß zu bauen, um so das ferne Ufer zu erreichen. Nach einigen Mühen hatte er ein brauchbares Floß gefertigt, und mit den Händen rudernd, gelangte er endlich ans andere Ufer.

Dort angekommen überlegte er, was er nun mit dem Floß anfangen sollte, das er in so mühevoller Arbeit gebaut hatte und das ihm so überaus nützlich gewesen war.

Sollte er sich das Floß auf den Rücken binden, damit er es immer zur Verfügung hätte, ganz gleich wohin er ginge?

Wäre dies die Entscheidung, die von dem Mann erwartet werden würde?

Oder sollte er nicht vielmehr denken: Dieses Floß ist mir sehr nützlich gewesen, um dem Land der Schrecken und Gefahren zu entkommen und um den großen Fluß zu überqueren. Jetzt aber bin ich glücklich im Land meiner Sehnsucht angelangt. Dafür bin ich dem Floß dankbar. Jetzt kann ich es entweder ans Ufer legen oder ich kann es im Wasser lassen, und der Fluß wird es irgendwohin tragen, während ich unbeschwert meinen Weg gehen werde.

Wenn der Mann so handeln würde, hätte er doch recht entschieden.

Und wie das Floß, ihr Mönche, sollt ihr auch die Lehre ansehen: Geeignet zum Überqueren, jedoch nicht, um sich daran festzuklammern. Loslassen sollt ihr selbst die wahre Lehre, wie viel mehr dann die falsche.

98. Beurteilung

Ein kleiner Hund war von einem Auto angefahren worden und lag wie tot am Straßenrand. Ein Arzt fuhr in seinem Wagen vorbei und bemerkte, daß der Hund noch Lebenszeichen von sich gab. Er stieg aus, holte die alte Autodecke aus dem Kofferraum, hüllte den Hund hinein und fuhr mit ihm nach Hause.

Dort untersuchte er den kleinen Hund sorgfältig, konnte jedoch außer Prellungen und einigen Abschürfungen sowie einer kleinen Schnittwunde keine schwerwiegenden Verletzungen feststellen. Ganz sicher hatte der Aufprall den Hund tief betäubt. Es gelang dem Arzt, den vierbeinigen Patienten wiederzubeleben. Dann reinigte er ihm die Wunden, legte ihn wieder auf die Decke und trug ihn nach draußen zur Garage.

Plötzlich sprang ihm der Hund vom Arm und verschwand humpelnd um die Ecke. Verwundert sah der Arzt ihm nach und sagte zu sich: „Was für ein undankbarer kleiner Kerl – nach allem, was ich für ihn getan habe!"

Er hatte nicht mehr an das Ereignis gedacht, bis er am nächsten Abend ein kratzendes Geräusch an der Terrassentür vernahm. Er konnte sich nicht erklären, woher es wohl käme. Als er die Türe öffnete stand dort der kleine Hund, den er behandelt hatte – in Begleitung eines verletzten Hundes.

99. Wechselfälle

Bei einer Schlacht wurde der König von seinen Feinden überwältigt und in das Lager der Sieger gebracht. Die Soldaten bewachten den König äußerst sorgfältig. Dieser war von den Strapazen des Kampfes und vom großen Hunger völlig ermattet. Mit müder Stimme bat er seine Wache, ihm doch etwas zu essen zu besorgen, da er den ganzen Tag noch nichts zu sich genommen habe. Der Soldat brachte ihm ein Stück Fleisch, das der König sich über dem Feuer garen konnte, das in der Mitte der Gefangenen angezündet worden war. Das Fleisch steckte auf einem Grillspieß, den der König an einen das Feuer begrenzenden Stein lehnte. Kaum zischten die ersten Fetttropfen ins Feuer, da schlich ein Hund herbei, der sich des Fleisches bemächtigte und wie der Blitz mit seiner Beute davoneilte.

Der hungrige König wollte den Räuber verfolgen, um ihm das Fleisch wieder abzujagen, doch da ihn Schwäche und die Fußfesseln daran hinderten, fing er mit einem Mal laut zu lachen an. Der Wächter hatte Mitleid mit dem König und seiner unglücklichen Situation. Er holte ein neues Stück Fleisch und fragte seinen Gefangenen, was ihn denn in seiner traurigen Lage noch zum Lachen bringe.

„Ich lache über die Wechselfälle im Leben, die das Schicksal uns bereitet", erklärte der König. „Heute morgen, als ich mein Heer in Schlachtordnung aufstellte, bemerkte ich bei meinem Troß hundert Wagen, und mein Oberküchenmeister versicherte mir, daß sie kaum ausreichen, meine Feldküche unterzubringen. Und jetzt trägt sie ein einziger kleiner Hund in seiner Schnauze fort."

100. Tag für Tag

Der Meister hatte seine Schüler um sich versammelt und gab ihnen eine Aufgabe: „Ihr kennt alle die vergangenen hundert Tage. Jetzt sagt mir etwas über die kommenden hundert Tage."

Weil sich jedoch kein Schüler meldete, gab der Meister gleich selber die Antwort: „Tag für Tag. Das ist der gute Tag."

In edler Geschenkausstattung ist erschienen

Norbert Lechleitner, Balsam für die Seele
*100 überraschende Weisheitsgeschichten,
die jeden Tag ein wenig glücklicher machen.*

ISBN 3-451-26575-3

Norbert Lechleitner, Flügel für die Seele
*111 überraschende Weisheitsgeschichten,
die jeden Tag ein wenig beschwingter machen.*

ISBN 3-451-26704-7

Norbert Lechleitner, Sonne für die Seele
*100 überraschende Weisheitsgeschichten,
die jeden Tag ein wenig fröhlicher machen.*

ISBN 3-451-26935-X

Norbert Lechleitner, Ein Lächeln für die Seele
*100 überraschende Weisheitsgeschichten,
die jeden Tag ein wenig freundlicher machen.*

ISBN 3-451-27282-2

Alle Rechte vorbehalten – Printed in Germany
© Verlag Herder Freiburg im Breisgau 1999 / 2002
www.herder.de
Einbandgestaltung: Hermann Bausch
Satz: Layoutsatz Kendlinger
Herstellung: Freiburger Graphische Betriebe 2002
www.fgb.de

ISBN 3-451-27833-2